中國地理

作者簡介

張瑞津
學歷：日本筑波大學理學博士、美國科州及路州大學研究
現職：國立臺灣師範大學地理系及地理研究所教授

潘桂成
學歷：美國明尼蘇達大學地理學博士
現職：國立臺灣師範大學地理系及地理研究所教授

鄧國雄
學歷：中國文化大學地學博士、美國威州及阿州大學研究
現職：臺北市立師範學院社會科教育學系教授

楊貴三
學歷：中國文化大學地學博士
現燉：國立彰化師範大學地理學系教授

石慶得
學歷：中國文化大學地學博士
現職：中正理工學院測繪系教授

許民陽
學歷：中國文化大學地學博士
現職：臺北市立師範學院自然科學教育學系教授

U0085524

三民書局

© 中 國 地 理

編著者	張瑞津等
發行人	劉振強
著作財產權人	三民書局股份有限公司 臺北市復興北路386號
發行所	三民書局股份有限公司 地址／臺北市復興北路386號 電話／(02)25006600 郵撥／0009998-5
印刷所	三民書局股份有限公司
門市部	復北店／臺北市復興北路386號 重南店／臺北市重慶南路一段61號

初版一刷 中華民國八十四年八月
修訂二版一刷 中華民國八十五年六月
修訂二版十一刷 中華民國九十五年二月
修訂二版十二刷 中華民國九十六年三月

編 號 S 660060

基本定價 陸 元

行政院新聞局登記證局版臺業字第○二○○號

http://www.sanmin.com.tw 三民網路書店

編輯大意

一、本書旨在使學生了解地理環境、地理概念、地理技能的
　　重要性以期增進對國土的認知，以培養愛國愛鄉的情操
　　及正確的世界觀。

二、本書雖經細心核校，然疏漏之處在所難免，敬祈海內先
　　進及讀者不吝賜正。

本書作者撰寫章節

張瑞津：第一章、第二章第三節、第四章第三、四節。

石慶得：第二章第一節、第三章第一節。

鄧國雄：第二章第二節、第三章第二、三節。

楊貴三：第四章第一、二節。

許民陽：第五章。

潘桂成：第六～十章。

中 國 地 理

目 次

圖片目次

照片目次

※本照片 3-5、4-2、4-4、4-7、4-9、5-1、6-1、7-5、7-6、8-1 由錦鏽出版事業
　股份有限公司提供，餘均由林格立攝製。

第一章　地理學的本質

第一節　地理學的特性和內涵

地理學的特性　地理學是研究地表各種地理要素的空間分布、相互關係及區域特性的學問。地理的要素非常複雜，但主要者可歸納爲自然及人文兩大方面：自然的要素以地形、氣候、水文、土壤、生物等爲主；人文的要素則以人口、經濟、交通、聚落、政治等爲主。

研究地理有的著重於各地理要素系統的分析，有的著重於各要素區域性的綜合分析；有的著重於各地理要素的理論體系，有的著重於應用的功能。因此，地理學具有自然與人文，系統與區域，理論與應用三個兩元性的特性，非常特殊。

地理學的內涵　地理學的內涵，可以由地理學發展史中地理學者的業績窺知。地理學研究的觀點不同，而有不同的分門，傳統上，著重於自然地理各要素的研究即爲自然地理，例如地形學、氣候學、水文地理等；著重於人文地理各要素的研究，即爲人文地理，例如經濟地理、聚落地理等。自然地理與人文地理均就各地理要素的分布及形成，加以分類歸納，找出其共同的原則；區域地理則就其一個區域，整合其自然及人文地理要素，找出其區域的特性。這個區

域依劃分的指標不同而有別，可依自然要素中的氣候劃分爲熱帶地理、寒帶地理等，也可依文化要素而分的拉丁美洲地理、南亞地理等。在研究方法上，自然地理與人文地理均注重系統的研究，故稱爲系統地理，與區域地理有別。前者比較注重一般化的原則，後者則強調區域間的差異。隨著時代的推演，地理學的內涵更加擴展，地理學各分門的分際並不像傳統上那麼清楚，而有跨科門統合的研究，依照其研究的重點歸納成三個領域：空間分布、人地關係與區域特性。空間分布著重各地理要素的空間分布及其關聯；人地關係則注重人類與環境的關係；區域特性則著重於區域性的異同。由於研究的重點不同，研究分析的方法也有所不同，如空間分析、生態分析及區域複合體分析。空間分析是研究某一地理要素的空間分布及其類型，最後呈現該要素的區域差異，如地形區、氣候區、或人口區、經濟區等。生態分析，即著重人與環境間相互作用的系統，了解其關連性，例如地形、氣候與人類之間如何交互作用及其可能導致的結果。區域複合體分析則更進一步綜合空間分析及生態分析結果，了解區域的特性，予以分區，建立區域間的交流與關連。無論是單一地理要素的區域差異，或區域複合體之區域差異，地理學的本質就是在研究地表的空間差異。除了上述之外，討論地理學的思想、發展、方法等，以及表現各種地理現象的地圖學也都包括在地理學的內涵之內，使地理的內涵更加豐富多姿（表1-1）。

第二節　中國地理的主題

中國地理是區域地理的分科，以中國爲特定的範圍，研究其自然與人文地理各要素的分布、人類與環境的關係，以及區域的特色。本書的編寫即涵蓋此三方面，第一章、第二章除介紹地理學的本質

表 1-1 地理學的內涵

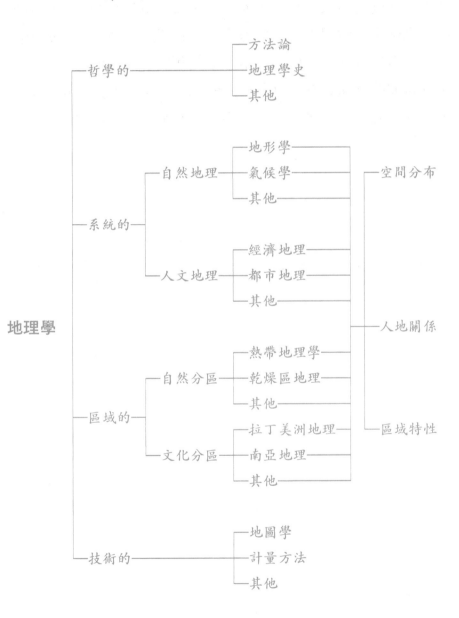

與地理學的基本技能外，第三章至第五章，首先敍述中國的位置、
地形、氣候、水文、土壤和生物，這些自然地理的要素是中國地理
的基礎。第六章至第八章分別敍述中國人在這自然地理基礎上之主
要人文活動的結果，包括了人口、民族、貿易、交通、聚落等，第
九章則透過自然與人文各地理要素的資料，敍述了中國南方與北方
之區域差異及其間的均衡。第十章更藉由各區域的特性進一步了解
中國發展的方向與其在世界體系的地位。全書共分十章，配合圖、
表及文字的說明以達到了解中國地理的基本目的。

習　作

一、選擇題

1.在研究方法上，自然地理與人文地理均注重(A)系統(B)哲學(C)技術
的研究。

2.臺灣梨山地區，果農剷除山坡地原生植被，改種果樹，導致山坡地水
土流失，進而使下游地區水旱災增加。欲進行此一方面的研究須採用
(A)生態分析(B)空間分析(C)區複合體分析。

3.下列地理要素中，何者屬於自然的要素？(A)人口(B)交通(C)氣候。

二、填充題

1.系統地理比較注重_____原則，而區域地理則強調區域間的____
____。

2.統合的地理學研究可分爲那三個領域：_____、_____與____
____。

3.空間分析是研究某一地理要素的_____及_____。

4.地理學的生態分析，即著重人與_____間相互作用的系統。

三、問答題

1.試述地理學的定義。

2.地理學有那三種二元的性質。

教學活動——意念中的中國

一、目標：在學生們尚未讀中國地理之前，他們在意念中對「中國」的
　　　　　直覺，印象的宣示。

二、時間：十五分鐘（二次）。

三、地點：教室。

四、步驟：1.每位同學用一句短語、表示他／她對「中國」的印象（好
　　　　　　的或壞的）。

　　　　　2.輯成一、二頁紙，發給全班同學。

　　　　　3.學期末，修畢中國地理後，再用一句短語，表示他／她的
　　　　　　中國印象。

五、評量：1.此可以了解同學們的「直覺」和「知識」的差異。

　　　　　2.評分從寬。

第二章　地理學的基本技能

第一節　地圖判讀

　　地理學重視地球表面各種地理要素的空間分布，而地圖正是這些地理要素在空間分布的最佳表現，因此，地圖可說是地理學研究的基本工具。除了學術的研究外，地圖在環境規劃、土地利用、資源開發、觀光旅遊，甚至軍事等方面，更具有實用的價值。

　　讀圖之前，對於地圖的內容，如等高線、比例尺、圖例符號、坐標系統及各種製圖規格等，應有初步了解，才能正確的判讀、分析與應用。

　　等高線　　所謂等高線就是將高度❶相等之各點，連結成一條曲

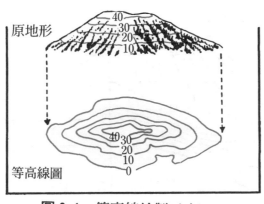

圖 2-1　等高線繪製示意圖

---

❶　臺灣地區的高度是以基隆平均海平面為零公尺起算。

線，並依一定比例投影繪製於平面上而成的水平曲線（圖 2-1）。

　　等高線圖可說是表現地形最佳的方法之一，在理論上可以顯現出地形的地勢起伏，更可以直接計測高度，使地形特徵數量化；在應用上，可由等高線圖轉換爲剖面圖，以利軍事、工程等方面運用（圖 2-2）。此外，許多地形圖繪製法，如暈滃法、暈渲法及分層設色法等，亦多採用等高線爲基礎。

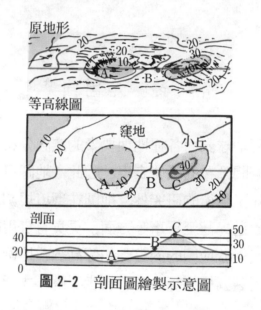

圖 2-2　剖面圖繪製示意圖

　　等高線爲便於高度判讀，通常分爲計曲線和首曲線，並以線畫粗細分別表示（圖 2-3）。至於等高線間距的選定則取決於地圖之縮

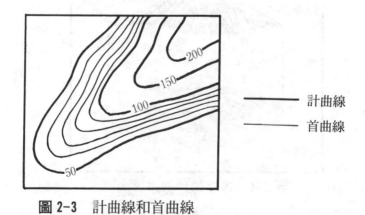

圖 2-3　計曲線和首曲線

尺、地區之形勢及用圖之目的等因素。

　　比例尺　　測製地圖時，由於無法將地球表面之經緯線、地物、地貌等，以等大繪製於圖紙上，因此，必須依照一定的比例縮繪，此種縮小的比例尺度，稱爲比例尺或縮尺。地圖上的比例尺通常可用文字、數字及圖形等方式表示之（圖2-4）。茲分述如下：

　　1.文字法：如五萬分之一、十萬分之一等。

　　2.數字法：如1/50,000，或1：50,000。

　　3.圖示法：在地圖上畫出比例尺線段，代表相應的距離。

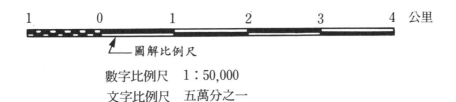

數字比例尺　1：50,000

文字比例尺　五萬分之一

圖 2-4　比例尺

　　通常，地圖上的比例尺僅指長度比例尺，如欲換算面積比例尺，則應將原比例尺平方。地圖比例尺大小的決定，與製圖目的及現有資料之詳略有密切關係；如要求編圖之內容較爲簡要，且涵蓋之地區廣闊，則宜採用較小之比例尺；現有資料如不完整或精度不足時，亦僅能編製較小比例尺之地圖。

　　圖例　　地球表面之天然或人爲地物於地圖中往往無法顯示其眞實形狀，須以某種符號代表，且凡屬同一事物，在同一地圖或同一系列地圖中，其符號必須一致，使製圖者有所遵循，讀圖者有所依據，此種統一規定之符號通稱爲圖例。

　　廣義的圖例，包括文字及記號兩種，因地圖中雖用符號以表示各種地面現象，但往往無法滿足讀圖需要，因此常要假藉文字說明以彌補符號之不足。此種文字亦稱爲註記，而單純之符號則稱爲記號。

　　有關圖例之規定，通常依用途之目的爲依據，但亦必須顧及編圖地區之特性及成圖比例尺。所以雖屬同一事物，但因比例尺之不同而略有修正，故有所謂大比例尺圖例、中比例尺圖例及小比例尺圖例之分。

　　因此，圖例可說是地圖的語言，故如何加以辨識，實爲讀圖之第一步驟。爲了讀圖的明確與便利，地圖符號之設計常依照下列原則：(圖 2-5)

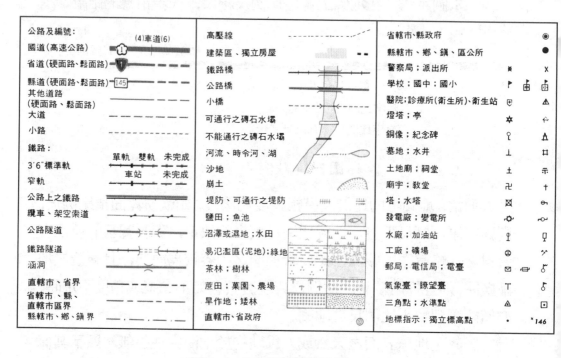

圖 2-5　圖例的設計實例

1. 符號的形狀：應簡化、通俗、易於了解。
2. 符號的大小：應適宜，並使主題清楚醒目。
3. 符號的顏色：宜調和、悅目，且與性質相符合。

第二節　地理實察

地理實察　地理實察係指在野外從事地理方面的實地考察工作。地理學原是由野外蒐集資料從事研究的實證科學發展而成的一門學問，在研究過程中，野外實態調查所佔比重頗高，尤其是創作性的研究，若無野外實察，幾乎是不可能達成。因此，對野外實察之認識與實行，是從事地理學研究者不可缺少的。

準備工作　地理實察與一般旅遊有很大的差異，它具有學術性與知識性的目的，因此事先必須有充分的準備工作。

一、**蒐集資料**　地理學研究所需的資料，有些可以從政府或民間的出版刊物或未出版的調查記載中獲得，有些必須直接從事實察才能取得。前者不是經由研究者直接蒐集整理的資料，稱為次級或第二手資料；後者經由實地調查獲取的資料，稱為初級或第一手資料。初級資料的蒐集是地理學研究最重要的工作之一，地理實察是獲得這些資訊最直接的方法。次級資料的蒐集則是實察前的主要工作，以蒐集和研究課題相關的統計資料、地圖、文獻為主。

二、**研究資料**　對於不同年度的統計資料直接判讀，或將資料的數字圖表化，再行判讀，即可推知不同年度或不同地區間產生的類似或差異狀況，並可發現所缺少與應予補充的資料為何。由此，不但可以作為進一步蒐集資料的指針，更可確定野外實察的方向。目前臺灣出版的地形圖，有多種比例尺，相當完備，利用新舊不同版期大比例尺地圖的比對，可了解地表景觀的變化，利用小比例尺地圖，則可看出研究區在大地區內的位置及其地表景觀與周緣地區有無特異性存在。在實察之前，應通盤閱覽國內外有關論題之文獻，了解前人所作之成果。

三、確立計畫 經過有關資料研究，對研究論題有相當認知後，就要確立實察計畫，首先要界定實察的區域範圍，選定實察路線、日期、交通工具、食宿地點及實察項目。原定的實察日程、路線，若因實際情形，無法按計畫進行時，應予適當改變；費時久、效率差的實察項目最好避免。

四、攜帶物品 實察所需物品種類，因實察目的不同而有差異，通常需要地圖、筆、記錄簿、捲尺、傾斜儀、照相機、望遠鏡、雨具、電筒、收音機、緊急醫療藥品等基本用品，另外，尚有問卷及不同的偵測儀器工具。

五、寄發信函 在出發實察之前，對接受訪問的機關或個人，應先聯繫，有時需要公函接洽，表明行程與目的，讓對方能從容準備資料及安排接應。若事先沒有連絡而突然造訪，往往使實察受到阻礙，無法得到理想之進展。

實察作業 由於研究或教學的目的不同，實察時取得資料的方式也有差異，主要有下列幾種：

一、觀察 對於事物景象的觀察，並非單憑肉眼即可，尚須以豐富的學識做基礎。例如缺乏氣候方面知識者，很難辨別臺北與新竹附近水田景觀的差異。又一般人認為微不足道的事物或現象，在問題的解釋上，往往具有極其重要意義或是關鍵所在。例如：斷層小崖可能被誤認為是人為挖切或河流侵蝕所成。所以，觀察需以科學性知識為依據，知識愈豐富，愈能剖析事象之真相，具備敏銳的觀察能力，始有正確的判斷結果。敏銳觀察能力的培養，有賴於野外實察經驗之累積，加上刻意努力之學習。

二、測量 為使用儀器直接量測事物，獲取資料的方式。例如用捲尺量取距離，用羅盤定方位，用傾斜儀量地層的走向和傾角等。許多事象，單靠肉眼觀察，易生錯覺誤差；經由測量獲取的數據資料，則是研究時量化分析的基礎。

三、訪問　實地觀察或測量所得的資料，其中一部分有時僅代表實察當時的短暫狀況。特別是具有季節性變化或隨時間演替的事象，必須透過訪問調查才能明瞭，例如農作物的輪作、商圈的變遷、人口的異動等問題。訪問是直接面對交談，聽取資料的方式，其技術與方法，需透過實際經驗及不斷的鍛鍊，才能達到熟練進而生巧的地步。通常，需將所欲詢問的項目依次列出，但不必固守預定的順序；訪問時間宜避開受訪者的忙碌時段或飯寢時間，訪問態度需謙虛誠懇，博取信任；訪問對象如為機關團體，宜以業務負責人為主，如為個人，則需注意抽樣代表性。若因實察區域廣闊或調查時間緊迫，訪問難以實施，也可用問卷的方式取代。

四、記錄　為了避免對觀察事象、訪問時聽取的內容，或對實際測量的數值等有所遺忘或疏漏，應於當場確實地記載在記錄本與地圖上。否則，於事後再行補記時，常易忘記部分資料，特別是地點與數值。記錄除筆錄外，尚可配合拍照、錄音和錄影的方式進行。

　　實察之後，應儘快將蒐集的資料加以整理分析，並向實察期間獲得協助及拜訪過的機關團體或個人函謝，發覺資料不足或遇有疑點之處，則需再行補察與覆察，如此才是地理實察工作的完成。

第三節　地理統計

　　地理現象的表現，過去常用定性的描寫，例如某區高溫多雨，地形崎嶇，某區人口出生率高，生產落後等。但如果這種定性的描述太多時，就會顯得模糊不清，而缺乏了量的分析標準，因此在表達各種地理現象時，將調查或測量、訪問、實察等所獲得資料，利用一些基本的統計，製成地理統計圖表，以便於分析研究。

　　地理統計　地理統計就是將實地考察或由各機關調查所得資料，加以整理與統計分析。

表2-1 臺灣地區各縣市歷年(民國 78～82 年)甘藷總產量(單位：公噸)

縣 市 別	民 國 78	民 國 79	民 國 80	民 國 81	民 國 82
臺 北 市	612	718	854	863	841
高 雄 市	220	181	156	99	72
臺 北 縣	9315	8327	8740	10663	10409
宜 蘭 縣	6130	5153	2795	2074	1819
桃 園 縣	1889	1646	2215	2114	2068
新 竹 縣	4301	3078	4788	4289	4524
苗 栗 縣	11108	11742	22815	16010	12340
臺 中 縣	32401	32738	35552	42659	32249
彰 化 縣	14487	13861	12740	11087	14047
南 投 縣	3063	2299	1322	1423	1031
雲 林 縣	42421	56214	63437	51995	61001
嘉 義 縣	6604	5941	7296	6612	6338
臺 南 縣	34211	21571	27690	21885	10257
高 雄 縣	10014	7575	8466	11057	7941
屏 東 縣	12391	12063	12088	9132	12343
臺 東 縣	5161	4546	4673	3499	2758
花 蓮 縣	2074	1786	1538	1723	1810
澎 湖 縣	4725	4621	2349	2965	2369
基 隆 市	617	620	509	497	500
新 竹 市	614	1134	501	494	462
臺 中 市	867	719	736	694	622
嘉 義 市	800	660	660	425	268
臺 南 市	1954	2637	2352	2030	1611
總　　計	205979	199830	224272	204289	187680

一、**資料整理**　資料蒐集後，必須經過整理，才能化繁爲簡，化零亂爲系統，看出其中所蘊含的意義。資料整理的步驟有三：分類、歸類與列表。分類的意義是將地理要素的數量、時間、地區或特性相同或相近的歸爲一類，例如人口資料可按性別、年齡、教育程度等分類。分類的標準有四種：(1)以事物的特性分類，如產業分初級、二級、三級產業等。(2)以事物所在的地區分類，如民國80年臺灣各縣市稻米的產量。(3)以時間作分類，如臺灣歷年稻米的產量是以年分爲分類標準。(4)以數量大小做分類，如溫度的高低、溼度的大小等。依上述四種不同的分類標準作歸類，分別可得到四種統計數列，即屬性數列、空間數列、時間數列與數量數列。表 2-1 爲臺灣在民國 78 年至 82 年甘薯產量表，兼有空間數列及時間數列的性質。根據數列表可作一些基本統計，例如總數、平均數、次數百分比等。將統計表的資料轉繪成圖，就可以繪製成統計圖。

二、**統計分析**　統計分析的方法依研究的目的而有不同，在地理學常用的有集中量數、變異量數與相關係數。集中量數是表示某一群資料集中的趨勢，例如表 2-2 臺北、淡水的年平均溫爲22.2℃，日月潭19.2℃、臺南23.9℃，恆春爲25.1℃，這些數值代表五個地點三

表2-2　淡水、臺北、日月潭、臺南、恆春五個測站的氣溫(1951～1980)　　　　　　　　　　　　　　　　　　　　　　　　（單位:℃）

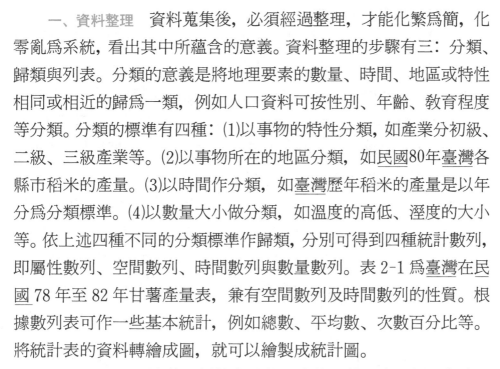

測站/月份	一月	二月	三月	四月	五月	六月	七月	八月	九月	十月	十一月	十二月	年平均	年溫差
淡　　水	14.8	15.3	17.3	21.3	24.7	27.0	28.8	28.6	27.0	23.5	20.4	17.2	22.2	14.0
臺　　北	15.0	15.6	17.6	21.5	24.2	26.9	28.7	28.5	27.0	23.6	20.4	17.2	22.2	13.7
日 月 潭	14.0	14.8	16.9	19.4	21.3	22.2	22.9	22.6	22.2	20.6	18.3	15.6	19.2	8.9
臺　　南	16.9	17.9	20.8	24.4	27.3	28.1	28.8	28.4	27.9	25.5	22.1	18.7	23.9	11.9
恆　　春	20.4	21.2	23.0	25.4	27.4	27.9	28.3	27.9	27.4	26.0	23.9	21.8	25.1	7.9

十年間年平均溫度集中的情形。除了集中量數外還須知道它的變異量數。變異量數是表示某一群資料它的分散情形，例如臺北與淡水年平均溫度同樣為22.2°C，但淡水年溫差14°C，稍大於臺北13.7°C。其他日月潭、臺南、恆春的年溫差均小於臺北及淡水。

相關係數是表示二組資料的相關性，例如高度愈大，溫度愈低，是表示高度與溫度二者之間的關係。除了上述三種統計外，事實上還有許多方法可以應用，另有專門課程敘述。

統計圖　統計圖表示的方法很多，一般常使用的有柱狀圖、曲線圖、圓餅圖等。柱狀圖就是以柱狀的高低代表數量的大小，如圖2-6。曲線圖通常表示某一要素在時間過程中的變動，如圖2-7。圓餅圖是以圓代表一個事象的全體，而以圓內各扇形面積代表各部分

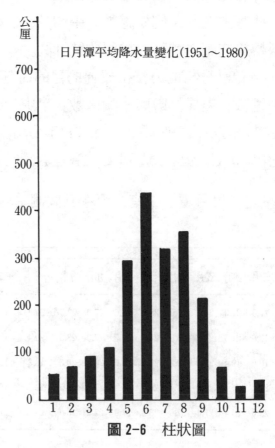

圖 2-6　柱狀圖

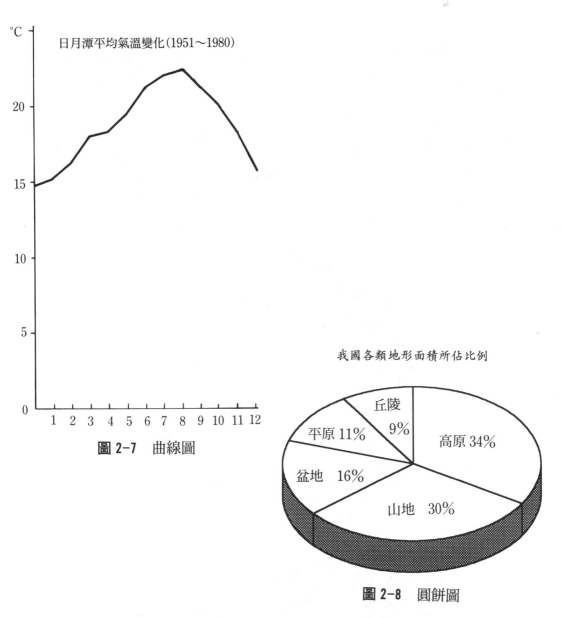

℃

日月潭平均氣溫變化(1951～1980)

圖 2-7　曲線圖

我國各類地形面積所佔比例

丘陵 9%

高原 34%

平原 11%

盆地 16%

山地 30%

圖 2-8　圓餅圖

的數量占全部的比率，如圖 2-8。為了各地區各地理要素的分布，可將各要素的數量以不同的符號(symbol)、網紋(pattern)、或顏色(color)填繪於地圖，如圖 2-9，此種統計地圖在地理學應用非常普遍。

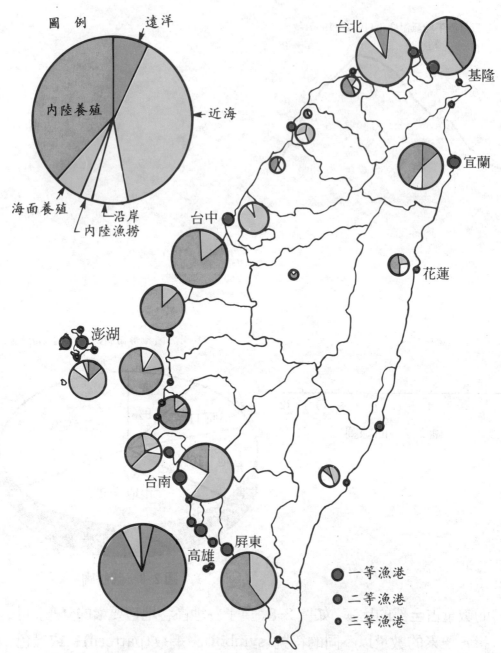

資料來源：臺灣省統計年報(1980)

圖 2-9 民國七十八年臺灣地區漁業生產量值統計地圖

　　總而言之，地理統計是依據所蒐集的資料經過整理，統計分析得出結果，加以研究判釋。因此地理統計與地圖學均為表達地理現象的方法。

習 作

一、選擇題

1. 研究地理學不可或缺的基本工具是：(A)地圖(B)自然地理(C)人文地理。

2. 在十萬分之一的地圖上，甲、乙兩地相距 6 公分，則兩地實際距離為 (A) 6 公里(B) 10 公里(C) 12 公里。

3. 地圖的語言係指(A)地圖比例尺(B)地圖圖例(C)地圖等高線。

4. 從事地理學研究注重第一手資料的獲得，欲取得此一資訊最直接的方法是(A)政府或民間出版刊物(B)研究報告(C)地理實察。

5. 研究一地區之農作物輪作情形，必須採取(A)測量(B)調察訪問(C)觀察。

6. 相關係數是表示二組資料(A)相異性(B)相同性(C)相關性。

二、填充題

1. 地圖等高線間距的選定取決於_____、_____及_____等因素。

2. 地圖上的比例通常可用_____、_____、_____等方式來表示。

3. 廣義的圖例包括_____和_____兩種。

4. 地圖除了學術的研究外，在_____、_____、_____、_____，甚至軍事等方面更具有實用的價值。

5. 地理學研究所須資料，實察前以蒐集_____資料為主，實地調查實以蒐集_____資料為主。

6. 野外觀察能力的提昇有賴_____、_____、_____。

7. 進行訪問時，須注意那些要點：_____、_____、_____、_____。

8. 野外實察記錄有_____、_____、_____、_____等不同方式。

9. 資料整理的步驟有_____、_____和_____三項。

10.分類的標準有 _____ 、 _____ 、 _____和 _____ 。

11.依據不同分類標準所得到的數列可分為 _____ 、 _____ 與 _____ 數列。

12.地理學常用的統計分析有 _____ 、 _____ 與 _____ 。

三、問答題

1.試述等高線的意義。

2.試述地圖比例尺的意義。

3.試述地圖符號設計之目的與原則。

4.何謂地理實察?

5.地理實察有何準備工作?

6.地理實察作業涵蓋那幾類型?

7.統計數列可分為那幾種?

8.試就課文內表 2-2 台北與恆春二站的氣溫繪出曲線圖。

9.試就下列資料繪成柱狀圖。

臺南 1951 至 1980 年各月平均降水量　　　　　　　　(mm)

月份	一	二	三	四	五	六	七	八	九	十	十一	十二
降水量	49	64	92	130	328	510	345	419	242	587	255	329

教學活動——推銷自己的家鄉

一、目標： 1.說出鄉土地名的來源。

2.認識鄉土的地理狀況。

3.了解鄉土的歷史發展情形。

4.認識鄉土各種族的文化習俗。

5.探討鄉土地理特色的形成原因。

6.學會收集資料的技能。

7.學會地理實察的基本技能。

8.設計摺頁介紹鄉土的地理特色。

9.更關懷鄉土的問題與發展。

10.期許自己為鄉土做些貢獻。

二、時間： 課外。

三、地點： 自己居住地或出生地的鄉土(建議可以任選鄉、鎮、區、地方生活圈或縣、市為範圍來介紹)。

四、器材： 筆、相機、底片、交通工具、美工材料、地圖。

五、步驟： 1.決定要介紹的鄉土區域範圍。

2.收集有關鄉土的地理、歷史、民俗文化資料。

3.收集鄉土的中、大比例尺地圖。

4.閱讀鄉土的文獻和地圖資料，了解鄉土的概況。

5.初步整理出鄉土的地理狀況和特色。

6.準備交通工具，至鄉土區域實察攝影、訪問專家、耆老，進一步了解鄉土的景觀、古蹟、問題和特色(務必和家人或朋友同往，切勿單身前往)。

7.回家後，將從室內外搜集到資料整理成書面報告。

8.另將書面報告精簡設計成一張為外地訪客介紹用的導遊解說摺頁 (規格大小可由任課老師統一規定以便展出；

摺頁中最好圖片文字各半並附上交通、食宿、地圖資料)。

六、評量：書面報告或解說摺頁。

七、建議：可利用校慶或運動會等適當時機將解說摺頁展出以便觀摩並有助於推銷您家鄉的觀光業。

第三章　位置和地形

第一節　位置與疆域

　　國土的地理位置對一國政治、經濟的發展影響甚鉅。我國地處<u>亞</u>洲大陸東部，東南瀕臨海洋，西北深入<u>歐亞</u>內陸，疆域遼闊，地廣民眾，實為一宜海、宜陸均衡發展的大國（圖 3-1）。

　地理位置

　　一、**經緯度位置的優越性**　我國領土西起<u>帕米爾高原噴赤河</u>，位於東經71°；東至<u>烏蘇里江</u>和<u>黑龍江</u>的匯流處，地當東經135°4′，東西跨經度64°，時差達4小時以上。最南是<u>南沙群島</u>的<u>曾母暗沙</u>，位於北緯4°；極北為<u>薩彥嶺脊</u>，居北緯53°57′，南北跨緯度約50°，<u>北回歸線</u>橫穿於我國南部。就緯度位置而言，我國領土大部分位於溫帶，小部分位於副熱帶和熱帶，氣候宜人，農業發達，故能發展為人口眾多，歷史悠久，文化燦爛的國家。

　　二、**海陸位置的優越性**　我國介於大陸與海洋之間，海陸發展均宜，位置優越。

　　㈠內陸位置的優越性　我國西部深入<u>歐亞</u>大陸中央，控制世界核心地帶❶，近制<u>西</u>、<u>北亞</u>，遙繫<u>歐</u>與<u>非</u>。自古以來即為中西交通

---

❶　世界核心地帶係指<u>東歐</u>、<u>中亞</u>及我國蒙新地區。為<u>英國</u>地理學家<u>麥欽德</u>(Mackinder)所倡導的核心地帶說，強調此區戰略地位的重要性。

大道，古時絲路，今日橫貫歐亞鐵路❷，莫不以此為中繼地。

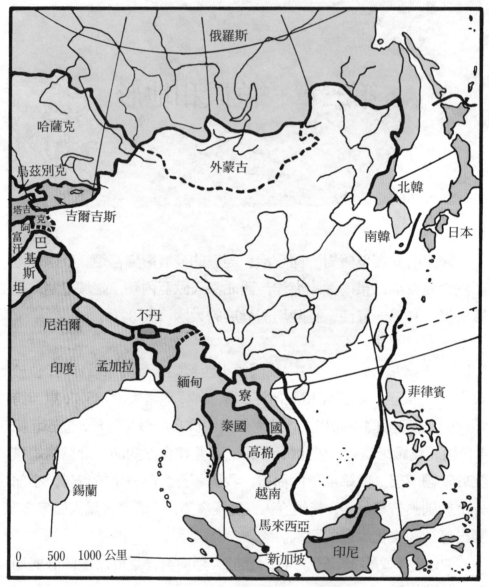

圖 3-1　中國位置及國際現勢

---

❷　橫貫歐亞的大鐵路，西起荷蘭鹿特丹港，經東歐、中亞而迄我國連雲港。

　　(二)臨海位置的優越性　　我國弧形海洋，位於亞洲大陸東岸中央的突出位置，形勢開闊，為太平洋西岸國際航線所必經。沿岸島嶼，星羅棋布，平時利於海洋事業發展，戰時為鞏固海疆的第一線。東亞島弧上的臺灣島地位尤其重要。

　　三、接鄰位置的優越性　　我國陸界綿長，鄰國眾多，東北隔江毗鄰韓國，隔海遙對日本。南與越南、寮國、緬甸三國接壤，西南以喀喇崑崙山、喜馬拉雅山與不丹、尼泊爾、印度、巴基斯坦、阿富汗等國分界。西自帕米爾高原，東迄圖們江口，長達一萬餘公里，則與獨立國協相鄰❸。我國陸界，外有大山巨川環繞，內有高原、大漠屏障，居高臨下，形勢天成，利於國防。

　　疆域

　　一、歷代疆域的開拓　　我國疆域在夏、商、周時代，只限於黃淮流域及長江中、下游地區。秦統一中國，疆域擴大，領有中國本部❹。漢朝盛世期，東迄朝鮮，西抵葱嶺，南到越南，北達蒙古，為我國疆域奠定基礎。盛唐時期，西北再擴及鹹海，西南迄於西藏。元代盛世，更建立四大汗國❺，跨歐亞兩洲，是我國史上疆域最遼闊的時代。

　　明代勢力大減，疆域遠不及元代。清初盛世，東北達鄂霍次克海，兼領庫頁島；東南海疆包括臺灣、琉球；南抵喜馬拉雅山，西控帕米爾高原，北迄貝加爾湖之濱；此外，更有藩屬鄰邦，遣使入貢，盛極一時。惜清代末期，國勢日弱，多次與外國簽訂不平等條

---

❸ 獨立國協 1991 年舊蘇聯瓦解，由俄羅斯總統葉爾辛(Boris Yeltsin)倡立，由舊有 12 獨立國家簽約成立。包括俄羅斯、白俄羅斯、烏克蘭、摩達維亞、阿美尼亞、亞塞拜然、土庫曼、吉爾吉斯、塔吉克、烏茲別克、哈薩克、喬治亞等國家。

❹ 北達長城，南迄兩廣，西至隴川，東到海。

❺ 蒙古西征，先後建立欽察汗國（今西伯利亞南部和歐俄南部）、察合台汗國（中亞和新疆一帶）、窩闊台汗國（科布多和唐努烏梁海等地）、伊兒汗國（中亞南部和西亞一帶）。

約，喪失許多土地，至國父　孫中山先生創建中華民國時，擁有我國目前的疆域。

二、我國疆域面積　我國疆域東西寬度和南北長度各約 5000 餘公里，面積 1142 萬餘方公里，佔亞洲面積的 1/4，佔世界陸地面積的 1/13。比歐洲面積還要大 135 萬方公里。在世界各國中，僅次於俄羅斯，而大於美國和加拿大❻。

領土面積廣大，不僅可利用資源多，生活空間也較充裕，實乃今日空權時代強國必備的條件。

照片 3-1　中國首都南京中山陵

行政區與地理區　行政區係依歷史沿革，種族分布，政治目的或經濟環境等人爲因素而作的區域劃分，地理區則以自然環境基礎，配合人文現象把具有共同地理特性的區域加以組合區分。

一、行政區劃　我國幅員遼闊，全國行政區劃❼（圖 3-2）採省、縣二級制，在中央政府之下，設有 35 行省，14 直轄市，二地方及一

---

❻ 世界大洲及大國面積的比較：　　　　　　　　　　　　　　（單位：萬方公里）

全世界	亞洲	歐洲	中國	俄羅斯	加拿大	美國	法國
14,195	4,423	1,007	1,142	1,707	997.6	936.9	55

特別行政區，下轄 2,045 縣，34 設治局，8 管理局。此外，蒙人分布區，設有盟部或旗制；西藏地方又有前藏、後藏之別（中共現行行政區劃請參閱附錄及圖 3-3）。

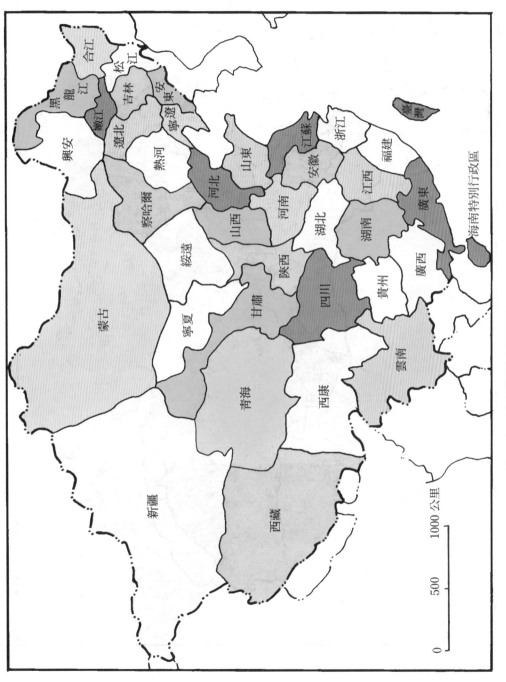

圖 3-2　全國行政區劃圖

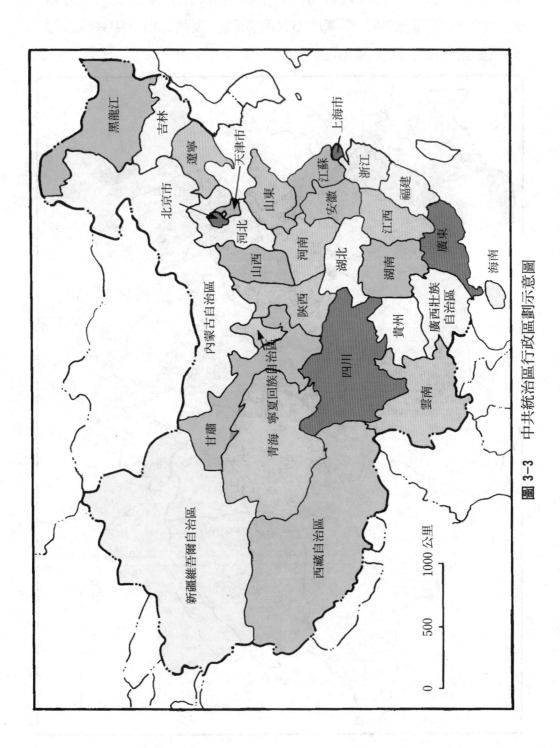

圖 3-3　中共統治區行政區劃示意圖

❼ 全國行政區名稱和面積 (依 74 年中華民國年鑑)

政區名稱	簡稱	省會或蒙藏首邑	面積(方公里)	佔全國總面積(%)
江 蘇	蘇	鎮 江	107,608	1.00
浙 江	浙	杭 州	102,646	1.00
安 徽	皖	合 肥	146,303	1.21
江 西	贛	南 昌	165,259	1.38
湖 北	鄂	武 昌	189,229	1.50
湖 南	湘	長 沙	204,771	1.89
四 川	川	成 都	303,318	2.16
西 康	康	康 定	451,521	3.89
福 建	閩	福 州	121,112	1.05
臺 灣	臺	臺 北※	35,564	0.31
廣 東	粵	廣 州	186,433	1.57
廣 西	桂	桂 林	218,923	2.00
雲 南	滇	昆 明	420,465	3.64
貴 州	黔	貴 陽	170,196	1.45
河 北	冀	清 苑	140,123	1.12
山 東	魯	濟 南	145,383	1.20
河 南	豫	開 封	165,141	1.40
山 西	晉	太 原	156,419	1.30
陝 西	陝	西 安	187,701	1.70
甘 肅	甘	蘭 州	391,506	3.39
寧 夏	寧	銀 川	233,320	2.10
青 海	青	西 寧	677,218	5.83
綏 遠	綏	歸 綏	329,397	2.89
察哈爾	察	張 垣	278,957	2.54
熱 河	熱	承 德	199,091	1.85
遼 寧	遼	瀋 陽	68,219	0.60
安 東	安	通 化	63,906	0.57
遼 北	洮	遼 源	122,538	1.10
吉 林	吉	吉 林	95,607	0.95
松 江	松	牡丹江	85,273	0.80
合 江	合	佳木斯	129,144	1.11
黑龍江	黑	北 安	208,382	1.90
嫩 江	嫩	齊齊哈爾	77,326	0.65
興 安	興	海拉爾	265,337	2.53
新 疆	新	迪 化	1,711,930	14.90
海南特別 行政區	瓊	海 口	33,571	0.28

二、六大地理區　我國地理環境複雜，爲研究方便，將全國分爲六大地理區，各區範圍與區域特徵，分述如下：

㈠南部地方　包括臺、閩、粵、桂、黔、滇六省和海南特別行政區。

　1.自然特徵　背山面海，北依南嶺，地勢向海緩傾。丘陵散布，平原狹小。海岸曲折，灣島羅列。北回歸線橫越域內，氣候濕熱，夏秋多颱風。

　2.人文特徵　發展傾向海洋，居民外移，是我國最大的僑鄉。

㈡中部地方　包括蘇、皖、浙、贛、鄂、湘、川七省。

　1.自然特徵　介於南嶺與北嶺之間，主屬長江流域，區內丘陵與平原錯綜，盆地自西而東成串排列。冬溫夏熱，雨季綿長，氣溫與雨量分布均勻，溫潤宜人。

　2.人文特徵　魚米之鄉、物豐民稠，我國經濟重心所在。

㈢北部地方　包括隴、陝、晉、冀、豫、魯六省。

南京市	京		559	0.0052
上海市	滬		617	0.0054
北平市	平		606	0.0062
青島市	青		772	0.0068
天津市	津		185	0.0016
重慶市	渝		294	0.0026
大連市			149	0.0013
哈爾濱市			803	0.0070
漢口市	漢		133	0.0012
廣州市	穗		252	0.0022
西安市			207	0.0018
瀋陽市	瀋		262	0.0023
臺北市			272	0.0024
高雄市			154	0.0013
西藏	藏	拉薩	1,215,780	10.65
蒙古	蒙	庫倫	1,621,290	14.15

※臺灣省省政府已於民國45年疏遷南投中興新村辦公。

照片 3-2　黃土地區之黃河

1.自然特徵　<u>黃土高原</u>溝谷縱橫，<u>黃土平原</u>坦蕩低平。溫帶季風氣候、冬寒夏熱，雨量集中夏季且變率大，旱潦災害多。

2.人文特徵　歷史悠久，<u>中華</u>文化孕育的核心區。

(四)東北地方　包括<u>遼</u>、<u>洮</u>、<u>安</u>、<u>吉</u>、<u>松</u>、<u>合</u>、<u>嫩</u>、<u>黑</u>、<u>興</u>九省。

1.自然特徵　山環水繞，平原遼闊。冬季乾寒，夏季涼濕，生長季節短。

2.人文特徵　天然資源豐饒，土地肥沃宜農，開發較晚，地利未盡其用。

(五)塞北地方　包括<u>熱</u>、<u>察</u>、<u>綏</u>、<u>寧</u>四省和<u>蒙古</u>地方。

1.自然特徵　除西部的山岳、盆地外，高原坦蕩單調。屬溫帶沙漠氣候，溫差大，雨量稀少，僅大漠的北邊略有水草分布。

2.人文特徵　少數水草較豐美的綠洲上，稍有農業點綴，其餘草地為蒙人牧場。

(六)西部地方　包括<u>新</u>、<u>青</u>、<u>康</u>三省和<u>西藏</u>地方，面積最大。

1.自然特徵　有高聳高原，也有低闊盆地。有寒漠、凍原，亦

有沙漠綠洲，氣候上迥然不同。

　　2.人文特徵　南疆回胞多務農爲生，北疆蒙胞多逐水草而居，藏胞多行山牧季移，居民的宗教與生活方式彼此有別。

第二節　地形特徵

　　地形特徵　我國幅員遼闊，山川縱橫，地形錯綜複雜。大體而言，具有三大特徵：

　　一、地勢西高東低　我國地形呈階梯狀，由西向東級級下降(圖3-4)。由兩列山脈組成的地形界線，明顯地將我國陸地分成三級階梯。西列是崑崙山、祁連山、岷山、邛崍山、大雪山；東列是大興安嶺、太行山、巫山、雪峰山。西列山脈以南、以西的青康藏高原

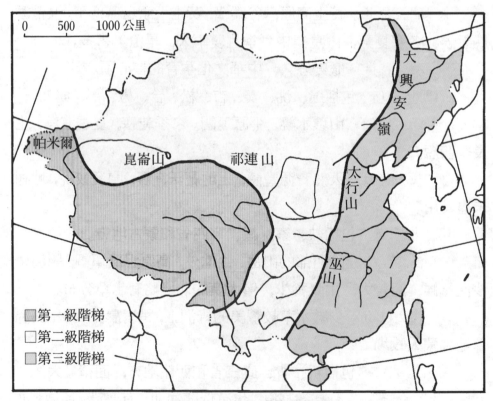

圖 3-4　三級地勢示意圖

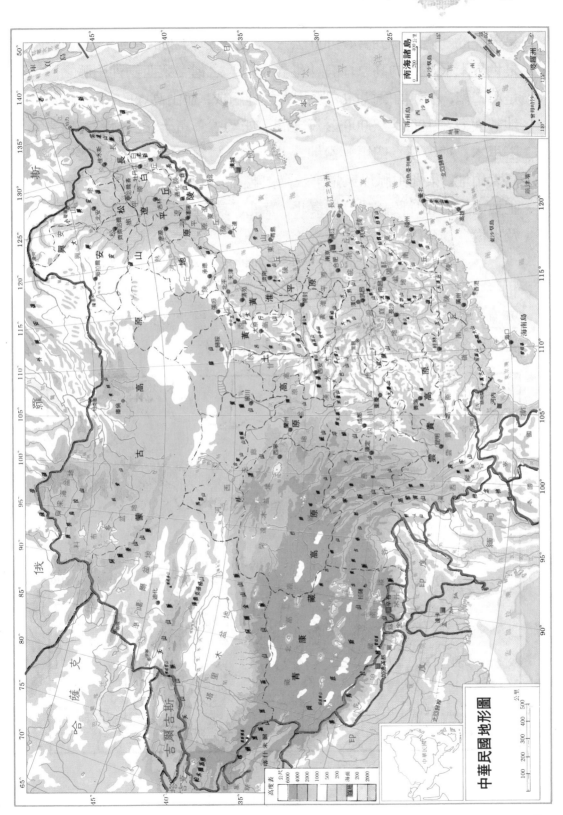

圖 3–5 全國地形圖

是最高的一階,平均海拔 4000 公尺以上,面積約 200 多萬平方公里,是世界上最高大的高原, 有「世界屋脊」之稱。東西兩列山脈之間是第二階,主要由廣闊的高原和大盆地組成,並由高大的山地分隔,地勢大概在 1000 至 3000 公尺之間。如蒙古、黃土和雲貴等高原,塔里木、準噶爾、四川等盆地,及天山、阿爾泰山、陰山、秦嶺等高大山地。東列山脈以東是第三階,地勢最低,海拔 500 公尺以下,主要由平原和丘陵組成,如東北、華北、長江中下游、珠江等平原,及東南、嶺南等丘陵。

二、山脈排列東西不同　依上述東列地形界線區分,我國東部多東北—西南走向山脈分布,又可分為三列:西列為大興安嶺、太行山、巫山、武陵山、雪峰山,中列為長白山、遼東與膠東丘陵、東南丘陵山地;東列為隔著海域的臺灣中央山地 (圖 3-5), 其與北側的琉

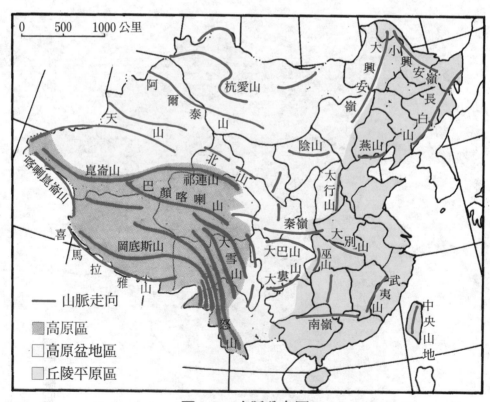

圖 3-6　山脈分布圖

照片 3-3　天山

球群島、日本列島、千島群島，往南的菲律賓群島同屬一個島弧構
造帶。這三列震旦走向山地，主要經由太平洋的菲律賓海板塊向西
北漂移擠壓，促使歐亞板塊先後發生褶曲隆升而形成。我國西部山
脈則大致以東西走向為主，從北到南有三列：北列為天山、北山、
陰山；中列為崑崙山、祁連山、秦嶺；南列為喀喇崑崙山、喜馬拉
雅山。前者由於安加拉古陸的南移擠升、後兩者由印度板塊向東北
漂移擠升造成。至於位在太平、印度兩洋板塊運動壓力場交接的康
南、滇西一帶，山脈便轉而形成南北縱列的形態。

　　三、地形複雜多樣　我國地域面積廣大，地質條件複雜，經內外
營力塑造的地形，類型繁多，凡高原、山地、丘陵、盆地、平原等，
無不具備；其中以山地、高原所佔面積最廣，約佔全國總面積 2/3，
平原和盆地僅佔面積的 1/4，故我國是個多山的國家。在中、尼邊界
的聖母峰，高8848公尺，是我國最高峰，天山東段的吐魯番窪地，
低於海面155公尺，是我國最低地方，高度相差極為懸殊。除上述常
態地形外，我國尚有冰川、凍土、沙漠、黃土、岩流、火山、海岸、

照片 3-4 乾燥地區的吐魯番火焰山

島嶼等各類特殊地形。如此複雜的地形，使我國自然景觀多樣，自然資源更加豐富多采。

表 3-1 我國各級地形佔總面積之百分比(%)

地　形　種　類	面積（千平方公里）	佔全國面積(%)
平　　原	1,254	10
盆　　地	1,824	16
丘　　陵	1,026	9
高　　原	3,876	34
山　　地	3,420	30
＊水面積約佔 1%		

地形分區　依階梯狀地勢，及呈現的主要地貌特徵，將全國分爲五大地形區（圖3-6）：

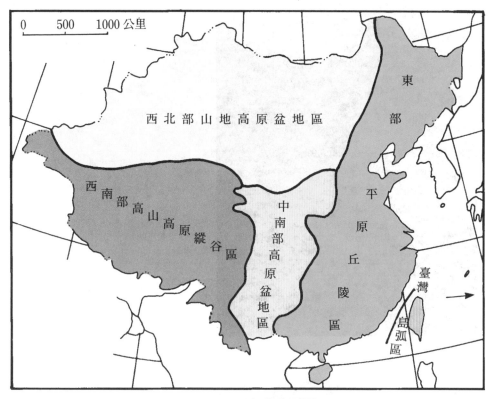

圖3-7　地形分區圖

一、西南部高山高原縱谷區　介於喀喇崑崙山、喜馬拉雅山和崑崙山、祁連山之間，屬歐亞新褶曲山系，高度大，面積廣，平均高度在4000公尺以上，上有高山深谷，起伏明顯，又可分爲帕米爾高原、藏北高原、藏南縱谷、柴達木盆地、青海盆地和青康滇縱谷高原等。

二、西北部山地高原盆地區　位長城以外，北起蒙古高原，西至新疆兩大盆地。除天山、阿爾泰山、唐努烏拉山、薩彥嶺和杭愛山等高大山脈外，地形單調，或高聳成高原，或低陷成盆地。本區可再分爲塞北高原、蒙古高原和西北內陸盆地。

三、中南部高原盆地區　介於東西兩大地形線之間的長城以南地區，境內不是高原就是盆地，除高峰外，高度大致在1000公尺以上，

照片 3-5　大雪山

照片 3-6　黃山雲海

2000 千公尺以下。全區包括<u>黃土高原</u>、<u>漢水谷地</u>、<u>四川盆地</u>和<u>雲貴高原</u>等。

四、東部平原丘陵區 位於東列地形線以東地區，地勢低緩，平均高度在 1000 公尺以下，高峰很少超過 2000 公尺，<u>大</u>、<u>小興安嶺</u>、<u>長白山地</u>、<u>熱河丘陵</u>、<u>山東丘陵</u>、<u>皖浙丘陵</u>、<u>東南丘陵</u>、<u>嶺南丘陵</u>、<u>松遼平原</u>、<u>華北平原</u>、<u>長江中下游平原</u>、<u>珠江三角洲</u>和<u>廣西盆地</u>等，均含括於本區。

五、臺灣島弧區 <u>臺灣</u>爲<u>東亞</u>褶曲帶上<u>花綵列島</u>中的一員，位於<u>琉球弧</u>與<u>菲律賓弧</u>的會合點上，褶曲運動劇烈，隆升快速，具有下列特徵：(1)地勢高峻，3000 公尺以上的高峰聳峙；(2)山脈呈雁行狀排列；(3)山地廣，平原小；(4)河川流短水急；(5)火山和地震多。

第三節　地形與人類活動

我國西高東低的地勢，一方面有利於<u>太平洋</u>暖濕海洋氣流深入內陸；另一方面造成大河東流，有利於東西向海陸之間的溝通聯繫。階梯狀地勢之間，落差明顯，又使流經的河川蘊藏著巨大的水力資源。地勢起伏和地貌形態非但影響氣候變化，更影響了人類的活動。

山岳與人生 山岳地區因地勢高峻，非但交通不易，氣流也常受阻隔。每成政治區域的天然疆界或氣候上的障壁。如<u>喜馬拉雅山</u>爲<u>中</u>、<u>印</u>國界，同時是<u>印度洋</u>夏季季風的北障。高山險峻攀越不易，此段國界自古以來明確固定；<u>印度洋</u>季風在山脈南向的迎風面形成世界降雨最多地帶，背風側的<u>青康藏高原</u>與<u>新疆</u>內陸盆地，則形成乾燥漠地，而分隔<u>塔里木盆地</u>與<u>準噶爾盆地</u>的<u>天山山脈</u>，因地勢高聳，山峰常年積雪，山麓得到雪水滋潤，才有綠洲的生成，<u>新疆省</u>的主要農莊、城鎮，莫不沿著<u>天山</u>南、北山麓分布。此外，山地區既富林、礦、水力資源，景色幽美之處，更成爲遊憩觀光勝地。山

區地勢陡峭，交通建設不易；或位處邊區，開發困難；或劃設爲水土資源保護地區，禁止採伐。森林遂得以蒼茂繁衍，形成林業資源。我國的主要林區——東北林區和西南林區，便是位於邊陲的興安山地、長白山地和橫斷山地。山地受到河流深切，谷壁岩盤裸露，礦苗容易發現，採礦場常見於山區便是此因。山岳高兀利於俯瞰遠眺，巉岩絕壁飛瀑深潭伴生之處，更是遊憩勝地。我國的黃山、峨嵋山、廬山及臺灣的太平山、合歡山等，均是名聞遐邇遊客如織之處。

<u>高原與人生</u>　高原如位處熱帶，因氣候較同緯低地涼爽得多，反爲吸引居住的地方；溫帶高原則氣候寒冷，農業發展困難，人口稀少。高原邊緣地勢陡峭，則妨礙與周緣鄰區的聯繫；若原面受相當切割，則不利原上交通之發展。我國有青康藏、蒙古、黃土和雲貴等四大高原，但彼此之間的原面地形、景觀、居民生活方式卻有極大不同。青康藏高原係一山脈、谷地、盆地錯綜分布的高寒漠地，除少數季風可達的谷地有定居的農耕外，主爲藏人的遊牧地，適應於高寒氣候及崎嶇地形的高原之舟——犛牛，便是藏人賴以維生的主要家畜，定居的石砌碉樓和遊牧的毛編帳幕是青康藏高原的居家特色。蒙古高原地勢坦蕩遼闊，是老年期緩起伏地貌，中爲乾燥戈壁，邊緣是溫帶草地；蒙人畜養羊、牛、馬，逐水草而居，白圓的蒙古包與穿越沙漠的駝隊是本區特殊人文景貌。黃土高原與雲貴高原均位於濕潤的季風氣候區內，受河川侵蝕而成分割高原。尤其黃土高原，上覆細粒厚層黃土，最易爲地表流水侵蝕，故溝谷縱橫，地形破碎，因本區爲我國古老文化源地，歷史久遠，黃土原面與谷坡墾植均已充分使用，利用黃土崖壁鑿洞而居的窯洞，則是本區特有的民宅風貌。雲貴高原地勢東傾，爲長江、珠江流域分水區，高原邊緣切割明顯，谷壁深陡，黔境又多石灰岩溶蝕地形，地表崎嶇，故有「地無三里平」之諺，滇境高原上多盆地、丘陵散布，湖盆河谷平原窪地，俗稱壩子，是城鎮聚落分布所在。由於地形阻隔又位

邊陲，本區成為我國少數民族分布最多的地區，各自保留了居家建築、服飾、舞蹈的特色，豐富了我國民族文化的內涵。

丘陵與人生　　丘陵地勢已較低緩，農牧發展受限不多，常成為茶園、竹林、果園等旱作的分布地區。浙江杭州龍井茶、福建武夷紅茶、臺灣凍頂烏龍茶名聞中外。江南的竹管厝、竹製家具器材普遍；南方的柑橘、龍眼、荔枝、芒果、蓮霧和北方的蘋果、梨、桃等均是丘陸盛產的果實。丘陵地因具有河川切割、岩礦裸露和較易開採的特性，而成為我國多類礦產的主要生產地帶。如遼東、山東丘陵的煤、鐵礦床，江南、嶺南丘陵的錫、鎢礦床。丘陵地又因山川阻隔，交通往來不便，造成東南、嶺南丘陵區地域方言的多樣性；而其缺乏平地，糧食不足，導致人口外移，成為我國著名僑鄉。

平原盆地與人生　　平原的地勢低平，墾殖容易，交通發達，是人類活動的理想環境，如果氣候溫和、水源充足，更為人口密集之區，我國黃淮平原、長江中下游平原、珠江三角洲等均成精華區；但平原中的低窪地，河川容易氾濫，會招致生命財產之損失，如排水不易，形成積水的湖沼濕地，也會妨礙開發，成為人口分布較少的地區。湖北省的荊江沿岸，山東省西南的黃河南岸及黃河口一帶均具有此種現象。盆地環境類似平原，如在濕潤氣候區，常是人口聚居密集之地，如臺北盆地、臺中盆地；但位在大陸中央水氣不易到達之地，則常成為內陸乾燥盆地而沙漠密布，如塔里木盆地、準噶爾盆地。即使為富庶的盆地，周緣如被高地阻隔，形勢常較封閉，與鄰區交通困難，如四川盆地，雖稱天府，但自古有「蜀道之難，難於上青天」之嘆，由上所述，可知土地乃人類生活的舞臺，地形變化與人類活動兩者關係甚為密切。

習　作

一、選擇題

1. 我國領土大部份位於：(A)熱帶(B)溫帶(C)寒帶。
2. 我國最大僑鄉的地方是：(A)南部地方(B)中部地方(C)北部地方。
3. 我國六大地方中，歷史悠久，孕育中華文化的核心區為：(A)中部地方(B)北部地方(C)南部地方。
4. 山岳地區因地勢高峻，往往造成氣流受阻，而位於中、印國界上，形成印度洋夏季季風的北障為：(A)崑崙山(B)巴顏喀喇山(C)喜馬拉雅山。
5. 我國五種地形中，常成為旱作分布及多類礦產的主要生產地為(A)山地(B)平原(C)丘陵。

二、填充題

1. 我國領土西起_____，東至_____和_____的匯流處，最南是南沙群島的_____，極北為_____。
2. 我國疆域東西寬度和南北長度各約_____公里，面積_____方公里，地廣民眾，資源豐富，甚具大國之發展條件。
3. 行政區係依_____、_____、_____或_____等人為因素而作的區域劃分；地理區則是以_____，配合人文現象把具有共同地理特性的地區加以組合區分。
4. 我國地形的三大特徵為_____、_____、_____。
5. 我國東部山地排列以_____走向為主，西部山地排列以_____走向為主，西南山地則成_____走向型態。
6. 我國五大類地形中依面積大小秩序排列依序為_____、_____、_____、_____、_____。

7.臺灣島弧區的地形特徵為＿＿＿＿、＿＿＿＿、＿＿＿＿、＿＿＿＿、

＿＿＿＿。

8.我國的四大高原為＿＿＿＿、＿＿＿＿、＿＿＿＿、＿＿＿＿。

三、問答題

1.試述我國地理位置的優越性。

2.試述行政區與地理區的劃分有何差異?

3.試述我國南部地方的範圍與地理特徵。

4.我國地形具何特徵? 試簡述之。

5.試述我國階梯地勢有那兩條明顯地形界線?

6.試述我國的地形分區。

7.試述山岳、丘陵與人類活動的關係

8.試述高原與人類活動的關係。

9.試述盆地、平原與人類活動的關係。

教學活動——相對地理位置

一、目標：藉著問答式遊戲認識相對地理位置。

二、地點：教室。

三、時間：十五分鐘。

四、主題：A.中國及周邊鄰國或　B.中國各省。

五、步驟：1.先指定班中某座位的同學作第一個定位（例如：A.中國
　　　　　　B.湖北省）。

　　　　　2.然後此同學可以指問他／她(前、後、左、右)的任何一
　　　　　　位同學。

　　　　　3.被指定的同學必須答出他／她的相對位置。
　　　　　　（例如：A.前（即北方）為蘇俄 B.前（即北方）為河南
　　　　　　省）

　　　　　4.重覆2.3.，可以繼續認識相對地理位置。

六、評量：或以最快反應時間為準，屬遊戲性質。

七、建議：可以多做幾次，同學們當更熟識。

第四章　氣候與水文

第一節　氣候因子與氣候特徵

氣候因子　我國氣候受緯度、海陸分布、地形與洋流等因子的影響，複雜多樣，分述如下：

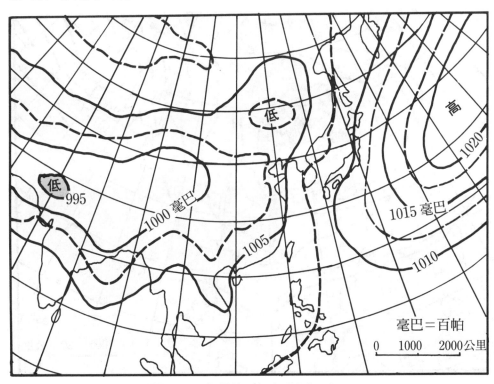

圖 4-1　七月海平面平均氣壓場

一、**緯度** 我國大部分地區處於中緯度，大致說來，緯度愈高，太陽高度角愈小，地面受熱愈少，氣溫愈低。但夏季則因緯度愈高，白晝時間愈長，且太陽高度角南北差異小，故南北溫差減小。

二、**海陸分布** 我國位在世界最大陸地──歐亞大陸，瀕臨世界最大洋──太平洋，由於海陸性質的差異，而產生了季風氣候。夏季，大陸的溫度較海洋為高，氣壓則較低（圖4-1），風由海洋吹向大陸為夏季季風，熱而溼；反之，冬季，大陸的溫度較海洋為低，氣壓則較高（圖4-2），風由大陸吹向海洋為冬季季風，冷而乾。

三、**地形** 地形對氣候的影響包括高度、山脈的走向與坡向等。通常每升高 1000 公尺，氣溫降低 6°C，因此山地與平地的氣候有所不同。山脈走向若與風向交叉，常具有屏障作用，且迎風坡的雨量大於背風坡，秦嶺即為佳例。

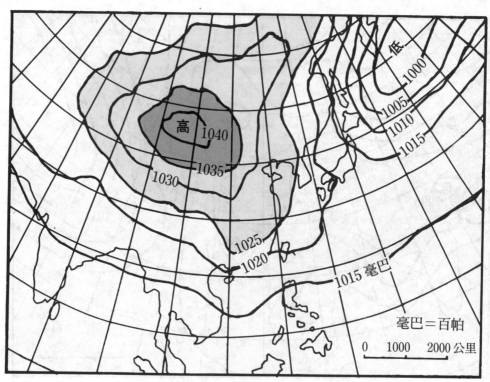

圖 4-2 一月海平面平均氣壓場

　　四、洋流　影響我國氣候的洋流主要為黑潮。黑潮的溫度高、蒸發盛，夏季季風旅經其上，使我國大陸東部雨量增加、氣溫升高。

　　氣候特徵　氣候要素很多，其中以氣溫與降水二者較為重要，下面就我國氣溫與降水的特徵加以說明。

　　一、氣溫

　　㈠冬季　由我國1月平均氣溫圖（圖4-3）上可以看出以下幾個特徵：

　　1.等溫線受緯度影響，大致呈東西向，南高北低，其中0°C等溫線大致沿著秦嶺、淮河。

　　2.等溫線密集，表示南北溫差大，從海南島至黑龍江相差52°C。

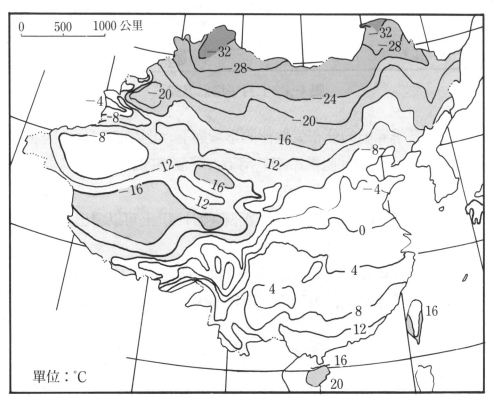

圖 4-3　一月平均氣溫圖

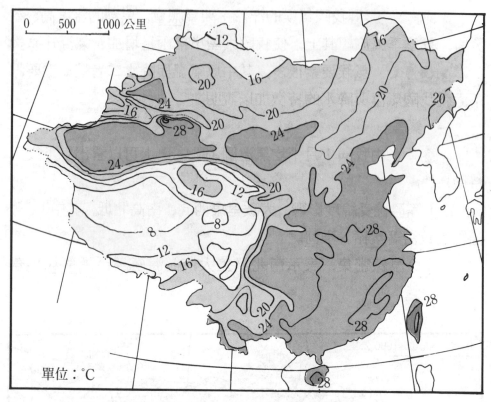

圖4-4　七月平均氣溫圖

3.冬季氣溫的分布受地形的影響顯著，例如四川盆地因北有秦嶺、大巴山等山地阻擋冷空氣南下，等溫線向北凸出，氣溫比長江中下游同緯度地區高3～4℃。

㈡夏季　由我國7月平均氣溫圖（圖4-4）上可以看出以下幾個特徵：

1.東部等溫線多呈東北—西南向，西部則與等高線相吻合。

2.等溫線稀疏，表示南北溫差不大，從海南島至黑龍江相差12℃。

3.氣溫最高的地區都位於地勢較低的盆地，因盆地內熱量不易向外擴散，如吐魯番盆地7月平均氣溫32℃以上，極端最高氣溫曾達48.9℃。

照片 4-1 吐魯番——新疆乾漠山地景觀

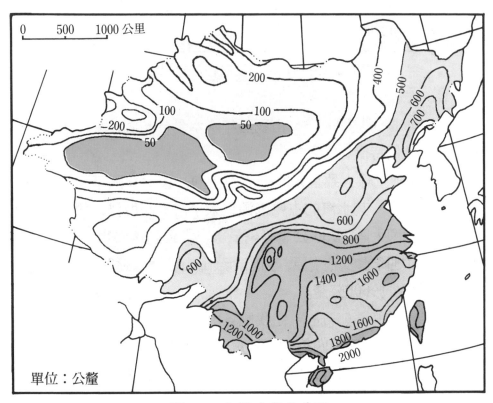

圖 4-5 年降水量分布圖

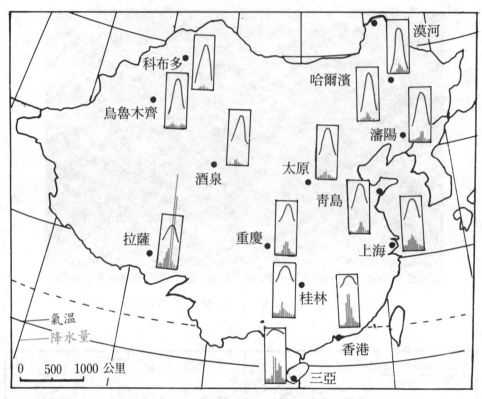

圖 4-6　降水量及溫度之各月分配比較圖

二、降水

(一)降水量的空間分布　由我國年降水量分布圖 (圖4-5) 上可以看出以下幾個特徵：

　　1.等雨量線大致呈東北—西南走向，顯示我國年降水量從東南向西北減少，其水汽的主要來源爲太平洋與印度洋，隨著夏季季風而進入我國大陸。750 公釐等雨量線，大致通過秦嶺、淮河一線。

　　2.山地降水多於平原，例如，燕山山地雨量達700～800公釐，河北平原卻少於600公釐。

(二)降水量的季節分配　由我國各地年降水量的各月分配比較圖 (圖4-6) 上可以看出四季的降水量分配情形。

　　1.春季 (3～5月)：以湘、贛和閩浙西部最多，佔全年降水量的40%以上。

2.夏季 (6～8月)：以黃河以北到內蒙古草原區，以及靑康藏高原最多，在70%左右。

3.秋季 (9～11月)：以臺灣和海南島的東部以及黃土高原南部至貴州高原北部最多，佔全年降水量30%以上。前者是由於颱風雨的影響，後者由於西南季風撤退較慢，與北方冷空氣交會所形成的氣旋雨。

4.冬季(12～2月)：以臺灣東北部最多，約佔全年的30%，這是由於冬季東北風造成的地形雨所致。

第二節　氣候分類與人類活動

氣候分類　我國氣候可分爲季風氣候、乾燥氣候和高地氣候三大類型 (圖4-7)：

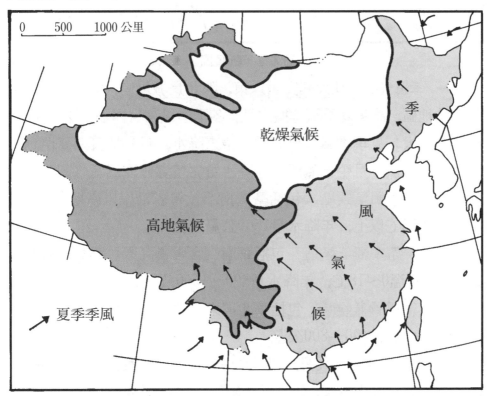

圖 4-7　三大氣候類型與夏季季風風向

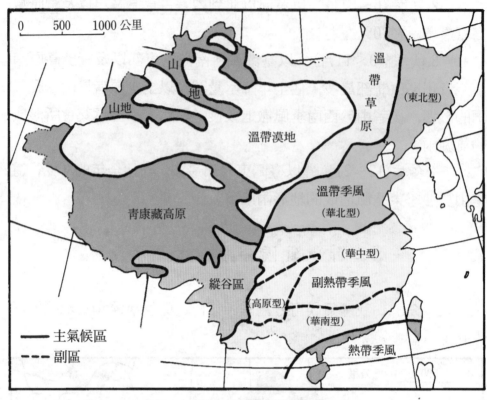

圖 4-8 氣候區

一、季風氣候　凡大興安嶺以東，陝北長城以南，隴山、大雪山以東的地區，為冬夏季風轉換之地，冬季季風來自內陸，乾燥寒冷，南北溫差大；夏季季風來自海洋，帶來降水，且各地普遍高溫。季風氣候區可依 1 月平均氣溫與年降水量之多寡分成三區（圖4-8）：

㈠熱帶季風氣候區　包括臺灣南部及粵省沿岸以南地區，1 月平均氣溫18℃以上，年降水量1500公釐以上。

㈡副熱帶季風氣候區　包括華南（含雲貴高原）與華中地區，1 月平均氣溫0～18℃，年降水量800～1500公釐。

㈢溫帶季風氣候區　包括華北與東北地區，1 月平均氣溫0℃以下，年降水量約400～800公釐。

二、乾燥氣候　凡大興安嶺、隴山以西，陝北長城以北的地區，因距海遙遠且高山屏障，故夏季季風無法吹入，年降水量400公釐以

下。東部邊緣年降水量200～400公釐，為草原；其餘地區年降水量200公釐以下，為沙漠。本區多嚴寒，夏酷熱，年溫差很大。

三、高地氣候　凡青康藏高原與蒙新山地，因高度特大且高山屏障，故氣溫低且隨高度遞減，迎風坡多雨，背風坡少雨。青康藏高原東南部（縱谷區）迎夏季季風，年降水量400公釐以上，其餘地區在400公釐以下。

氣候與人類活動　我國氣候對人類活動有利也有害，夏季高溫多雨對農業生產非常有利，但旱澇卻帶來災害。

一、夏季高溫多雨之利　我國季風氣候的特點之一，是高溫多雨同在夏季，夏季成為我國各種農作物生長的主要季節。例如水稻生長要求月平均氣溫高於20°C，我國黑龍江下游(50°N) 7月平均氣溫尚在20°C以上，所以尚可栽培水稻，使我國成為世界上水稻栽培界限最北的國家。

二、旱澇災害　季風進退異常是造成旱澇的主要因素，例如6～7月，如果夏季風勢力弱，鋒面在江淮一帶停留的時間長，梅雨期長，江淮地區則澇，黃河中下游地區則旱。臺灣地區之洪澇則與颱風、

照片 4-2　黃河大氾濫

梅雨所帶來的豪雨有密切的關係，但在颱風與梅雨均缺少的隨後 1 年內，常發生乾旱。旱澇災害影響國計民生甚鉅，因此，抗旱和防澇，長期以來是我國水利事業的頭等大事。

第三節　水文——海洋與陸水

海洋　我國幅員廣大，前臨太平洋，後連大陸，瀕臨大陸的緣海自北而南有渤海、黃海、東海及南海（圖4-9）。

一、渤海　被山東半島及遼東半島所圍的海域，面積 9 萬平方公里，平均深度不及20公尺，是我國位置最北，面積最小，深度最淺的海，因它三面環海，海水的性質受陸地影響較大，例如水溫較低，鹽度較小，因有含沙量大的黃河、海河等河川注入，海域有逐漸淤淺縮小的趨勢。

二、黃海　介於我國大陸與朝鮮半島之間，面積約 40 萬平方公里，平均水深約40公尺。因受黃河、長江的影響，含沙量大，海水成黃色，黃海因而得名。

三、東海　介於我國大陸、臺灣島，日本九州、琉球群島之間的海域，面積約 80 萬平方公里，平均水深370公尺，愈向東邊水深愈大。東海之水溫與鹽度均比黃海、渤海為大，更有暖流與北來之寒流相匯合，形成優良漁場。東海東臨太平洋，南接臺灣海峽，是我國沿海與國際航線輻輳之處。

四、南海　介於臺灣海峽以南，曾母暗沙以北，中南半島以東，菲律賓以西的海域，面積約350萬平方公里，平均水深約1200公尺，是我國最南，面積最大，深度最深的緣海。地處熱帶，水溫較高，鹽度較大。因位處太平洋與印度洋之間，歐、亞航線必經之處，交通及戰略的地位均非常重要。

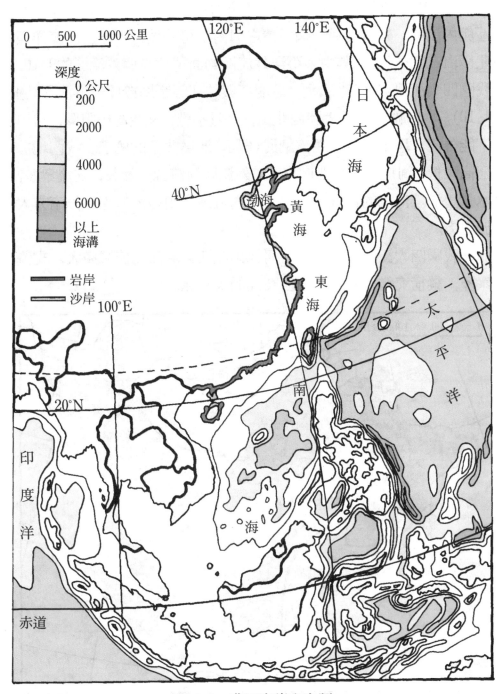

圖 4-9　我國海岸與海疆

陸水 陸水包括陸上的河川、湖泊、地下水與冰川。

一、河川 我國的河川眾多，依照河川注入海洋與否，分爲外流區與內流區。外流區佔全國面積之64%，可分爲太平洋、印度洋與北極海三個外流區，其中太平洋外流區的面積佔整個外流區的9/10，我國四大江河，長江、黃河、黑龍江與珠江等都屬於此一外流區(圖4-10)。內流區深處於大陸西北區，水量不豐，又受高山阻隔，河川不能外流，塔里木河、額濟納河(弱水)即爲典型的例子。我國地勢西高東低，河川大多自西向東流，外流區河流源遠流長，支流眾多，水量豐沛。河流的密度外流區高於內流區，山地大於平原，南方大於北方。

我國四大江河：長江、黃河、黑龍江與珠江，流域廣大，支流眾多，縱橫交錯，是我國東西交通的大動脈。

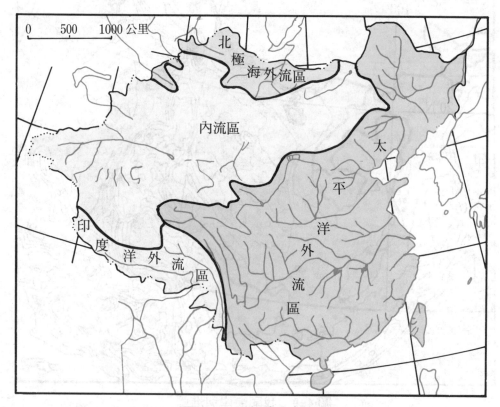

圖 4-10　水系分布圖

㈠長江 源於靑海省唐古喇山北麓，全長6300公里，流域面積180萬平方公里，是全國第一長河，也是第一大河。長江流經四川盆地、洞庭盆地、鄱陽盆地、巢蕪盆地，而於江蘇入海。宜昌以上山高水急，水力資源豐富，但不利航行。宜昌至漢口之間，地勢低緩，湖泊羅列，流量豐富，有水運之便，但時有水患。漢口以下水量豐穩，富航運之利。

㈡黃河 源於巴顏喀喇山北麓，全長約4,800公里，流域面積約75萬平方公里，是我國的第二大河。黃河流經黃土高原、黃淮平原，

照片 4-3 僅可通行羊皮筏的黃河河道

照片 4-4 不斷向渤海伸展的黃河口

而於山東入海。黃河素以含沙量高而出名，孟津以下河床淤高，甚至高出兩岸平原，竟成為淮河與海河的分水嶺。黃河流域降水量變化大，因此水量極不穩定，時有洪患。

㈢黑龍江　發源於大興安嶺，匯合松花江與烏蘇里江，北流入俄，注入韃靼海峽。黑龍江為中俄界河，在我國境內長約3,400公里，流域面積162萬平方公里，為我國第三長河。因地處高緯度，冬季嚴寒，冰凍期長，僅在每年的5～9月尚可通航。

㈣珠江　發源於雲貴高原東南坡，全長2,100公里，流域面積約45萬平方公里，是我國第四長河。珠江流經雲貴高原、嶺南丘陵，而於廣州入海，沿途支流眾多，不但富水力，又有航運、灌溉之便。

二、湖泊　我國天然湖泊分布全國，約有2萬5千多個，面積約8萬平方公里。絕大多數的湖泊面積在50平方公里以下，除了天然湖

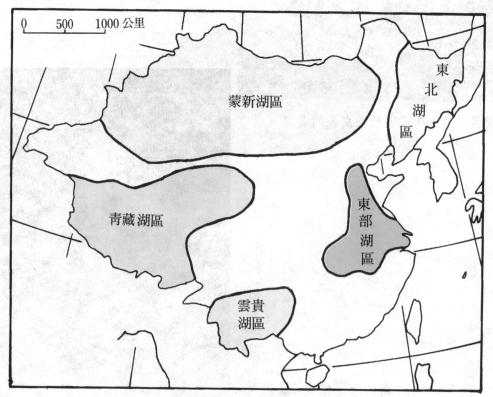

圖 4-11　湖泊分區圖

泊，還有數以萬計的人工湖泊，湖泊依照所含的鹽分，可分爲淡水湖與鹹水湖二類，前者鹽分較低，約佔湖泊總面積的45%，主要分布在外流區，尤以東部平原最多；後者所佔面積高於淡水湖，主要分布於內流區，尤以青康藏高原最多。依照湖泊的分布、成因，大致可以劃分爲五個湖泊區(圖4-11)，包括東部、東北、蒙新、青康

照片 4-5　長江三角洲之太湖

照片 4-6　雲南之滇池

照片 4-7　鏡泊湖吊水樓瀑布

藏、雲貴等區。東部位於平原低地上，多與地殼沈陷、河流演育有關，是我國湖泊密度最大之區，我國主要的淡水湖，如洞庭湖、鄱陽湖、太湖均位於此區。東北區的湖泊主要位於長白山地與松嫩平原，前者與火山活動有關，如天池為火口湖，鏡泊湖為熔岩堰塞湖；後者的湖泊多與河流的改道廢棄有關。蒙新高原區的湖泊，多與風蝕、斷層作用有關，由於蒸發旺盛，湖水補注少，多成鹹水，例如塔里木盆地的羅布泊。雲貴高原的湖泊多與斷層及溶蝕作用有關，前者如滇池、洱海，後者多為溶蝕湖，面積與深度都較小。青康藏高原的湖泊，是地球上海拔最高，數量最多，面積最大的高原內陸湖泊群，其生成多與斷層有關，常常是地盤陷落，冰雪融水匯積形成。

　　三、地下水　地下水多儲存於地下土壤孔隙和岩石的裂隙。我國地下水約有8,000億立方公尺。以秦嶺為界限，南方的地下水約5,000億立方公尺，北方約3,000億立方公尺。北方的地下水主要分布於廣大的沖積平原，如華北、松遼、河套、關中等平原，北方降水量較少，因此利用地下水較普遍，其中以華北地區開採最多，大多用於

農業灌溉。南方的地下水主要分布於長江、珠江三角洲，江漢、成都平原由於降水較豐富，一般多利用地表水，地下水開採的程度較低。

四、冰川　我國的冰川分布在西部4,000公尺以上的高山及高原地區，大多是許多江河的源頭。冰川在山地雖有大量的儲存，卻不能立即使用，一般都等到融化成爲流水或地下水再取用。

第四節　水文與人類活動

海洋資源　我國緣海有大陸河川帶來的大量泥沙和營養物質，加上洋流、潮流、沿岸流的影響，海洋資源豐富。

一、食物資源　我國近海海域遼闊，大部分屬於大陸棚，坡度平緩，水深多在200公尺以內，沿岸有許多河流注入海洋，帶來豐富的營養物質，加上寒暖洋流交會，因此魚類資源豐富。我國海洋魚類將近2,000種，重要的經濟魚類約300多種，魚的種類由北向南增加，渤海70多種，黃海有300多種，東海有400多種，南海則高達800多種。至於魚類數量則以東海最多。海水含有鹽分，我國海鹽的生產已有幾千年歷史，產量居世界之冠。例如江蘇淮鹽、黃河口兩側的青鹽，天津一帶的長蘆鹽，都是質佳量多的鹽產地。

二、能量資源　我國近海的潮差，渤海3公尺，黃海4公尺，南海2公尺，而以東海最大，閩浙地區約6～8公尺，杭州灣更大，灣中澉浦的潮差可達8.4公尺。一次漲潮進入到杭州灣的水量達30億立方公尺，蘊藏著巨大的能源。根據推估，大陸沿岸的潮汐能量可發電1.1億瓩，居世界第四位。目前在東海沿海建立了40多個小型潮汐電站。其他的還有波浪、海流的流量可利用發電，但因穩定性差，經濟效益低，尚未有具體的開發。

三、礦產資源　我國近海的大陸棚蘊藏豐富的石油和天然氣，及

鐵、錳、鈦、錫、鉻等礦產，部分的油、氣已開發利用。

水資源　水為人類生存不可缺少的物質，舉凡飲用、烹飪、洗滌、灌溉、工業，莫不依賴水。我國水資源大多來自降水，全國水資源估計約2.8萬億立方公尺，提供了灌溉、發電、航運和水產養殖用水。

一、灌溉　為了有效利用水資源作為灌溉之用，歷史上就建有水利設施利用水資源，例如都江堰、涇渭渠、後套灌渠，農業用灌溉用水約4,400億立方公尺，其中引用地表水約4,000億立方公尺，其餘400億立方公尺來自地下水。由於各種水資源分布不均衡，例如南方水量較豐富，而北部缺水，因此興建水利設施，達到南水北調，有效地利用水資源，近年對水的依賴更深，已興建了8,300多個大、中、小型的水庫及數以百萬的小塘湖、水閘取水利用。

照片 4-8　都江堰之灌溉渠與旅遊景觀

　　二、水力　我國地勢西高東低，級級下降，河流發源山地，順勢而下，水力資源豐富，蘊藏量約6.8億瓩，居世界第一位，其中以西南地區最豐富，約佔全國之 3/4。長江、雅魯藏布江是水力蘊藏最豐富的二條河川。已經動工興建的三峽水壩，就是開發利用其豐富的水資源。

照片 4-9　長江三峽——西陵峽

　　三、航運　我國河川主流多爲東西向，而支流多爲南北向，河道縱橫，成爲天然的交通網路，對貨物的流通、人口的移動有重要的影響。

　　四、養殖　湖泊爲天然水生動植物生長的場所，我國東南湖濱地區爲養殖魚的生產區。近來由於不斷的圍湖造田，以致湖面積縮小，不但破壞水產資源，而且降低蓄洪能力，影響至鉅。

　　水污染　人類利用水資源，也常有意或無意造成水污染，污染

輕微時，尚可自然淡化，但在人口快速增加、工業迅速發展下，廢水、污水，未經處理而直接排入河、湖、海洋或滲入地下，則會造成水污染，目前水污染比較嚴重的問題是都市廢水、工業污染。例如北平、上海、天津三個大城市，每日都有未經處理的廢水大量排入河川，造成嚴重的水污染，急待改善。臺灣的河川因家庭污水、工業污水及畜牧污水的排放，已受到不同程度的影響。

洪水　水能載舟也能覆舟，水雖然能提供民生、農業、工業用的水資源，但是異常的降水量也會造成洪水。例如長江中下游的平原，在2,000年之間，發生了200多次較大的水災。黃河的水患比長江更為嚴重，黃河流經黃土地區，黃土質細疏鬆，極易被沖刷，因此河川含沙量大，加上70%之雨量集中於夏季，河川洪枯水量懸殊，一遇暴雨，決堤成災，使黃河成為「善淤、善決、善徙」的河川。近2,000年來，黃河氾濫，改道達1,500多次，其中大改道26次。另外，淮河、海河流域地勢低緩，河床也因含沙量高而淤積抬高，一遇暴雨，造成嚴重水災。

習　作

一、選擇題

1. 青康藏高原與蒙新山地因高度特大且高山屏障，造成氣溫低，且迎風坡多雨，此一氣候類型爲：(A)季風氣候(B)乾燥氣候(C)高地氣候。

2. 我國一月 0°C等溫線，年雨量 750 公釐等雨量線經過(A)南嶺(B)秦嶺、淮河(C)巴顏喀喇山。

3. 四川盆地冬季氣溫比長江中下游同緯度地區爲高，其主要原因是(A)深居內陸(B)北有高山阻擋南下冷空氣(C)盆地內熱量不易向外擴散。

4. 臺灣地區冬季東北部降水最多，約佔全年降水量 30%，主要原因是東北季風造成(A)地形雨(B)對流雨(C)氣旋雨。

5. 形成我國旱澇災害的主要因素爲(A)水利失修(B)地形崎嶇(C)季風進退異常。

二、填充題

1. 我國位置最北、面積最小、深度最淺的緣海爲＿＿＿＿。

2. 東海之水溫與鹽度比黃海、渤海爲大，更有＿＿＿＿和＿＿＿＿相會，故形成良好漁場。

3. 我國最南、最大、最深的緣海爲＿＿＿＿。

4. 南海因爲於＿＿＿＿洋與＿＿＿＿洋之間，＿＿＿＿洲和＿＿＿＿洲航線必經之處，交通及戰略地位重要。

5. 我國四大江河中，以＿＿＿＿河水患嚴重，成爲「善淤、善決、善徙」的河川。

6. 我國湖泊密佈最大的地區爲＿＿＿＿湖泊區，主爲＿＿＿＿湖，依鹽份而言，多淡水湖；＿＿＿＿湖泊區是世界上面積最大的高原內陸湖泊區。

7. 地下水多儲存於 _____ 和 _____。北方的地下水主要分佈於 _____ 平原，大多利用農業灌溉。

8. 我國的魚類資源，以 _____ 海的魚種類最多，以 _____ 海的魚數量最多。

9. 我國水力豐富，以 _____ 江和 _____ 江水力蘊藏最豐富。

10. 我國沿海中，以 _____ 海的潮汐能量資源最大。

三、問答題

1. 試說明影響我國氣候的因子。

2. 試由圖 4-4 判讀我國七月平均氣溫分布的特徵。

3. 試說明我國季風氣候的特徵。

4. 我國夏季高溫多雨對農業生產有何影響？

5. 試述長江各河段水資源的利用。

6. 試述黃河水患的原因。

7. 我國湖泊可分為幾區？那一區湖泊的密度最大？那些區的湖泊多屬於鹹水湖？

8. 為何北方地下水開採最多？大部分作何種利用？

教學活動——颱風防災

一、目標：1.說出颱風在臺灣發生的月分。

　　　　　2.認識臺灣平均每年遭受颱風災害的損失金額。

　　　　　3.能練習收集資料的技能。

　　　　　4.能練習溝通表達的技能，順利地進行討論。

　　　　　5.能採取適當的措施將颱風災害降至最低。

二、時間：課堂上約30分鐘。

三、地點：教室。

四、步驟：1.將全班分成數組，分組進行討論（先選一小組長主持活動）。

　　　　　2.討論前，每組組員先搜集有關颱風的資料。

　　　　　3.一人報告颱風在臺灣發生的月分。

　　　　　4.一人報告臺灣平均每年遭受颱風災害的損失金額。

　　　　　5.每人報告自己經歷颱風的經驗；或報告國內颱風的災害情形，人類對此災害的反應處理情形。

　　　　　6.每人提出數則降低颱風災害的方法。

　　　　　7.小組長做總結，組員並就重點記錄之。

五、評量：1.教師分別視導各組討論情形。

　　　　　2.教師可抽選一、二組上臺報告討論結果。

第五章　土壤與生物

第一節　土壤

土壤的化育　土壤為地球表面的疏鬆層，由岩石經長時間風化而成。其特性受化育環境的支配與影響，經過一段時間的化育後，其在物理、化學及形態的特徵上皆異於原來的岩石。影響化育的環境因素主要有土壤母岩、氣候、生物、地形與時間五者。

我國的土壤分布　我國幅員廣大，地質、地形及生物等自然環境十分錯綜複雜，因此而形成的土壤類型在沃度、厚度、結構、顏色等各方面皆富多樣性，下列僅就與農業、牧業及林業關係較密切的主要土壤類型加以列舉。

一、軟黑土　分布於溫帶濕草原氣候區的松遼平原西部一帶，每年秋冬茂草枯萎腐爛形成棕至黑色的土壤，通稱為黑土，有厚層的腐植質，肥沃度高。乾燥時質地仍鬆軟，通氣而透水，盛產小麥、甜菜及玉米、高粱、大豆等雜糧作物，為我國東北著名的「穀倉」。

二、澱積土　主要分布於東北中部的大陸性氣候區山東半島，雨量中等，淋溶較弱，富含有機質及礦物質，近似中性，適合雜糧旱作，也是主要農業區。

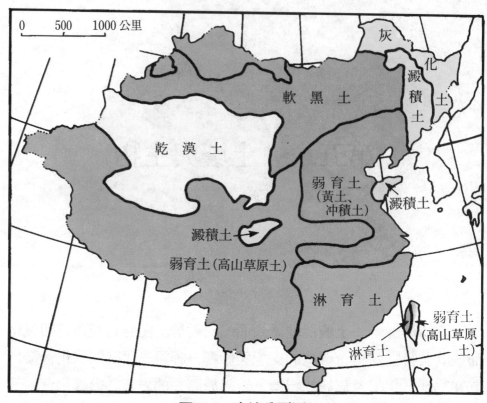

圖 5-1　土壤分區圖

　　三、淋育土　分布於溫暖濕潤，雨量有明顯季節變化的長江以南地區，雨季時洗出作用將氧化鐵等礦物洗入下層而成黃褐或紅色，舊稱為「紅壤」。土層深厚而黏重，中度酸性，腐植質含量不高，肥沃度較差，有水灌溉的低丘緩坡盛產水稻與甘藷，排水良好的坡地盛產各種熱帶與亞熱帶水果，如柑橘、荔枝、龍眼等，也是我國主要的茶葉生產地區。

　　四、乾漠土　分布於我國西北部乾燥或半乾燥的乾草原氣候區，呈灰至棕色。由於雨量少，淋溶作用弱，土中礦物質豐富。分布於蒙新高原區者，常生長肥美牧草，為我國最重要的天然牧場。有水利灌溉地區，可發展農業，如河西走廊各大綠洲、河套平原等地，盛產小麥及燕麥。

五、灰化土　　分布於冷而濕的北部及東北部針葉林區，以<u>大興安嶺</u>、<u>長白山地</u>及<u>蒙新山地</u>為主。由於溫度低，有機質分解緩慢，土壤上部有薄層腐植質，其下有灰白色土層，呈強酸性，只利於森林及草地生長，為我國重要的林業生產區。

六、弱育土　　分布於新形成的地形面上，化育時間短，土壤層次的分層較差，最主要的弱育土有以下數種。

㈠黃土　　分布於<u>黃土高原</u>，為典型的風積土壤，顆粒細，礦物質含量豐，透水及溶水性高，適宜作物生長。本區不但為世界最重要的黃土分布區，也是我國文化發祥地。

㈡沖積土　　分布於<u>黃淮平原</u>、<u>長江</u>沿岸平原及各大河下游三角洲，為河流攜帶泥沙沖積而成，土層深厚、疏鬆而富含養分，為我國水稻、小麥的豐產區。

㈢高山草原土　　分布於<u>青康藏高原</u>，高山冷濕環境發育出來的土壤，上層積聚腐植質，色深而呈酸性，只適合草類生長。

土壤利用與水土保持　　土壤為地表生活圈的基層，土壤所含養分和水分，植物賴以為生，動物復賴以生存，人類對土壤依賴甚深，土壤肥沃之區，農牧產豐富，人民生活較佳，反之則生活較為困頓。然而土壤經多年的墾殖與耕作，不但改變了土壤原來的屬性，容易使土力耗竭，也帶來水土保持的問題。例如：我國的<u>黃土高原</u>經歷數千年的墾殖，森林幾乎砍伐殆盡，闢為耕地，全面耕種的結果，加上<u>華北</u>夏季雨量集中，造成面蝕與溝蝕十分嚴重，到處都是溝谷縱橫的景觀。

優良土壤的形成需時甚久，破壞卻很容易，因此人類必須針對土壤侵蝕原因，加以妥善維護。例如在斜坡山地，宜闢建梯田，既可蓄水種稻，又可減少表土侵蝕。在乾燥多風地區，耕種方向與盛行風方向直交，減少風力吹蝕，並應多種植防風林。其他如深耕、施肥、輪作等也是保護土壤、增強地力的方法。

第二節　生物

生態系與生物分布　生態系是生物與其生活的環境之間，相互作用形成的一穩定系統。也就是說每一生態系都有各自的一群生物分布其間，並有其特有的環境條件，其中最重要的是氣候環境，尤以溫度及降雨量兩因子影響最大。

溫度主要影響生物的生理功能，間接影響生物的生長與反應速率，每一種生物都有其適合生長的溫度條件。造成溫度差異的因素主要是太陽輻射，其中又受緯度影響最大。對生物而言，水分與日照一樣不可或缺，生物體內大部分為水，水也提供養分輸送和新陳代謝的媒介，因此必須有適度降雨提供水分的來源。影響雨量多寡的因素又以離海遠近、地形、洋流等最為重要。

我國幅員廣闊，由南至北，由東至西，緯度及距海遠近差異甚大，使得氣候環境非常複雜，因此也演育出多樣的生態系，各生態系呈現不同的植物群落，各動物隨之棲息其間，其中最重要者乃森林、草原與沙漠三者，其分布情形如下。

一、森林生態系　依照森林的外形，森林生態系又可以區分為闊葉林、針葉和闊葉混合林、針葉林三者。

㈠闊葉林　又可分為常綠闊葉林和落葉闊葉林兩種。常綠闊葉林分布於長江以南各省及雲貴高原、四川盆地等熱帶及副熱帶地區，氣候溫濕多雨，樹種繁多，以樟、楠等最具經濟價值。本區較重要的動物有長臂猿、獼猴、黑熊、雲豹、梅花鹿等。

落葉闊葉林則分布溫帶及暖溫帶的東北、華北等地。夏季暖濕，枝葉繁茂，冬季因乾寒而落葉。樹種以榆、樺、櫟等最具經濟價值。較重要的野生動物有老虎、雲豹、山貓、松鼠、獼猴等。

㈡針葉和闊葉混合林 屬於針葉林和落葉闊葉林之間的過渡型，分布於東北地區的東部山地、興安嶺區與長白山地，樹種以白樺、松等為主。著名的野生動物有東北虎、金錢豹、狐、狼等。

㈢針葉林 為我國分布最廣的森林植被，由寒溫帶的丘陵區至熱帶的高山地區均有分布。針葉林高大挺拔，樹種單純，生長密度大，因此單位面積材積最多，又可分為寒溫帶針葉林和暖溫帶針葉林，前者分布於東北、華北和青康藏高原，主要樹種有冷杉、雲杉等。後者分布溫帶和副熱帶及熱帶山地，樹種有鐵杉、水杉、松科等。重要的野生動物有熊貓、金絲猴、貂等。

二、草原生態系 我國草原主要分布在北緯35°～50°間的秦嶺以北，賀蘭山以東和大興安嶺以西的地區，是整個歐亞大草原的一部分。隨雨量的差異又可分為濕草原與乾草原兩者。

㈠濕草原 分布松遼平原及大興安嶺東側，氣候冷濕，土壤肥沃，草高而茂，覆蓋度大，平原區已大部被闢為耕地，重要的野生動物甚少。

㈡乾草原 雨量較稀的半乾燥氣候下的代表性草原，分布於蒙古高原及天山、祁連山、阿爾泰山等山區，草的高度較矮，中等覆蓋度，為我國主要的牧場所在。重要的野生動物有野馬、羚羊等。

三、沙漠生態系 我國沙漠分布於塔里木、柴達木、準噶爾三大盆地及河西走廊等地。由於雨量極少，環境惡劣，植被少，種類亦貧乏，通常呈疏散分布，常有發達根系，吸收廣大面積或極深層的水，本區動物也少，最重要者為人工畜養的駱駝。

照片 5-1 蒙古呼倫池之草原牧馬

照片 5-2 駱駝

環境變遷與生態保育　　生態系是生物與環境共同的組合體，任何生物不能離開它的棲息環境而獨立生活。自 35 億年前，地球上最早的生物──藍綠藻誕生以來，地球上各地的動植物經長期演化出生產者、消費者與分解者之間平衡的生態系統。但隨著人口增加與產業發展所帶來的糧食、原料與土地需求，各地大量砍伐的熱帶雨林與溫帶闊葉林所剩無幾，自然界中生產力最高的濕地，更面臨被填土利用的絕境，這些環境變遷加上人類的濫捕濫殺，使全球各生態系中的動植物面臨莫大的生存危機。

　　生態平衡的環境中，物種彼此間環環相扣，人類任意干擾這些動植物的結果，往往給自己帶來更多負面的效應。何況這些動物增加了地球上生物的歧異度，使得大自然更多采多姿，因此如何在兼顧經濟發展外，又能保育脆弱的生態，就成了我們目前亟須解決的難題。

習 作

一、選擇題

1. 軟黑東北松遼平原西部一帶，有厚層的腐植質其土壤為(A)澱積土(B)軟黑土(C)淋育土。
2. 影響生物生理功能之主要因素為(A)溫度(B)氣壓(C)降水。
3. 我國草原主要分布的範圍約在北緯 35°～50°之間，東起大興安嶺，西至賀蘭山，南迄(A)長江(B)南嶺(C)秦嶺。
4. 我國小麥、水稻豐富區之土壤為(A)灰化土(B)弱育土(C)乾漠土。
5. 斜坡山地闢建梯田，其主要功能為(A)減少表土侵蝕(B)減少風力吹蝕(C)增強地力。

二、填充題

1. 影響土壤化育的環境因素有＿＿＿＿、＿＿＿＿、＿＿＿＿、＿＿＿＿和時間五者。
2. 我國長江以南溫暖濕潤，雨量明顯季節變化地區所發育的土壤為＿＿＿＿，舊稱＿＿＿＿。
3. 經由風力搬運再沈積的風積土壤稱為＿＿＿＿，分布於我國的＿＿＿＿。
4. 影響生態系環境最重要的氣候環境，尤以＿＿＿＿和＿＿＿＿兩因子影響最大。
5. 單位面積最多材積的森林是針葉林，又可分為＿＿＿＿及

三、問答題

1. 何謂生態系？
2. 針葉林區有那些重要的野生動物？
3. 目前動物面臨那些生存危機？為什麼要保育？

教學活動──生活在大自然中

一、性質：藉野外鄉土環境實察，體會大自然的美妙和活力。

二、地點：課外。

三、時間：利用班級郊遊時間。

四、步驟：1.預定郊遊地點及路線。

　　　　　2.預備地圖、指南針、筆記簿、標本膠袋等。

　　　　　3.分組搜集資料。

　　　　　4.分組撰寫報告。

　　　　　　組別：如A.土壤。B.植物 (樹葉)。C.聚落景觀。D.交通情況……等。

五、進行：1.由老師協助相關資料的搜集和整理。

　　　　　2.同學們分組熟識文字資料。

　　　　　3.沿途工作及景觀記錄。

　　　　　4.相關標本搜集。

　　　　　5.課堂上之討論及報告。

六、評量：報告固然可以評分，但討論更能培養同學們的開放式思路。

第六章　人口

第一節　人口分布與移動

人口分布之自然限制　「人」與「環境」是地理兩大基本要素。地理環境提供了人之生存空間及生活資源，而人亦依其價值意願而改造地理環境，以謀求更美好之生活。因此，一地區人口之分布，反映出地理條件對人之供養能力之差異，也反映出人對環境改造程度的不同。

中國幅員廣大，自然條件之差異性很大，人口之分布亦並不均勻。在中國，限制人的開發的自然條件有四種：

一、**高聳地區**　尤以青康藏高原為然，都在 3,000 以上，故除了藏南的雅魯藏布江谷地及東北部之青海湟中盆地外，都是無人區，其他如帕米爾高原，天山及阿爾泰山山地，都表現了相似之限制力。

二、**乾漠地區**　年雨量在250公厘以下，只有山泉及綠洲，因水資源而成人口點外，也大多是人口極稀少的地區，中國大西北之蒙古及新疆地區，就是這樣之荒漠環境。

三、**嚴寒地區**　在大小興安嶺以北，最暖之 7 月平均溫度還不到20°C，沒有明顯的「生長季」，人們不易找生活。而高處不勝寒，青康藏高原也有此嚴寒情況，是成為人口極稀少之原因之一。

四、熱帶雨林 中國只有海南島南部有，其地地勢不高，雨量不少，氣溫不低，但卻是相反的「低平濕熱」，生長條件極佳，林木茂密，野獸及病瘴也繁生容易，卻成為限制人口成長之負面因素。

人口稠密區 除了上述不利之自然地理條件限制之地區外，餘下的中國東南半壁，就是中國人口之主要分布區，從黑龍江之璦琿，至雲南之騰衝，劃一直線，其東南部之面積約佔全國總面積之36%，卻有全國總人口之96%。

在這人口稠密區內，人口之分布狀態也不是均勻的，自然條件優良的而歷史開發愈早的，人口的密度也較大，例如華北之黃淮平原，長江三角洲及寧紹平原，四川盆地，兩湖盆地，及華南沿海各小型河口三角洲平原，人口密度都在每平方公里 300 人至 500 餘人，而其間夾雜之丘陵地，則在每平方公里 50 人至 300 人間。中國東北

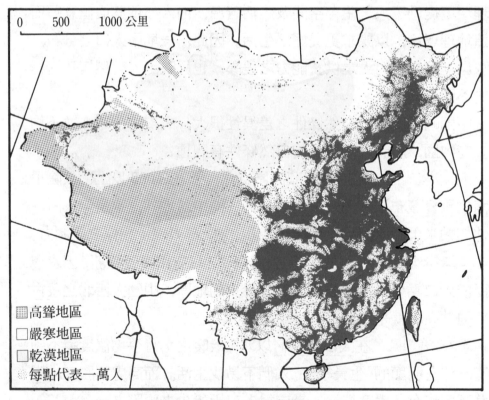

圖 6-1　人口分布圖

照片 6-1 人口稠密之重慶山城市場

地方之松遼平原，地形平坦，但由於緯度較高，氣溫低，年雨量也只有500至1,000公厘之間，生長季較短，故在歷史開發之時序上較晚，至晚清時代才開始有大量中國移民進入，故人口密度也比不上其他平原區也。

人口普查　自從大陸落入中共政權，曾有過四次人口普查（表6-1），第一次在民國 42 年(1953年)，總人口為58,603萬餘人，第二次在民國 53 年(1964年)，總人口為69,458萬餘人，第三次在民國 71 年(1982年)，總人口為100,817萬餘人，而根據民國 80 年(1991年)中共國家統計局公布之中國大陸人口總數為116,001萬餘人，而我們可依據這些數字，對中國大陸人口作一簡要的分析。

由表 6-1 可知，大陸人口由1953年至1964年之平均成長率只有11.5‰是假象，其中之大躍進經濟盲動失敗，大饑荒造成之死亡人數達 4,000 萬，故該時段之成長率仍在22.0‰左右。而在1964年至

1982年間，又有文化大革命政治運動，死亡人數亦至少在 1,000 萬以上，故平均成長率也在22.0⁰/₀₀以上，反而近年採取一胎化節育政策，人口成長率的確可以減少。然而，中國人口之基數已經太大，就算是以15.7⁰/₀₀的成長率，每年淨增人口亦有 1,500 萬以上，人口壓力仍很大。

表 6-1

年	總數(萬人)	平均每年成長率	備註
1953	58,603		
		11.5⁰/₀₀	經大躍進饑荒
1964	69,458		
		20.9⁰/₀₀	經文化大革命
1982	100,817		
		15.8⁰/₀₀	施行一胎化節育
1990	114,333		

表 6-2

	1982 人口數＝萬人(密度／方公里)	1990 人口數＝萬人(密度／方公里)	增加率 %
1.北京(北平市)	923　（ 549 ）	1,081　（ 643 ）	17.12
2.天津市	776　（ 107 ）	878　（ 121 ）	13.14
3.上海市	1,186　(1913 ）	1,334　(2152 ）	12.48
4.河北省	5,300　（ 282 ）	6,108　（ 325 ）	15.25
5.河南省	7,442　（ 446 ）	8,550　（ 512 ）	14.89
6.山西省	2,529　（ 162 ）	2,875　（ 184 ）	13.68
7.陝西省	2,890　（ 141 ）	3,288　（ 160 ）	13.77
8.甘肅省	1,957　（ 43 ）	2,237　（ 49 ）	14.31

9.青海省	389 （ 5 ）	445 （ 6 ）	14.40
10.山東省	7,442 （ 486 ）	8,439 （ 551 ）	13.40
11.江蘇省	6,052 （ 590 ）	6,705 （ 654 ）	10.79
12.安徽省	4,966 （ 356 ）	5,618 （ 403 ）	13.13
13.湖北省	4,780 （ 255 ）	5,396 （ 288 ）	12.89
14.四川省	9,971 （ 176 ）	10,720 （ 189 ）	7.51
15.湖南省	5,401 （ 257 ）	6,065 （ 288 ）	12.29
16.江西省	3,318 （ 199 ）	3,771 （ 226 ）	13.65
17.浙江省	3,888 （ 382 ）	4,144 （ 407 ）	6.58
18.福建省	2,587 （ 213 ）	3,009 （ 248 ）	16.31
19.廣東省*	5,362 （ 301 ）	6,282 （ 353 ）	17.16
20.雲南省	3,255 （ 83 ）	3,697 （ 94 ）	13.58
21.貴州省	2,855 （ 167 ）	3,239 （ 189 ）	13.45
22.遼寧省	3,572 （ 245 ）	3,945 （ 271 ）	10.44
23.吉林省	2,256 （ 120 ）	2,465 （ 131 ）	9.26
24.黑龍江省	3,266 （ 69 ）	3,521 （ 74 ）	7.81
25.內蒙古自治區	1,927 （ 16 ）	2,145 （ 18 ）	11.13
26.新疆維吾爾自治區	1,308 （ 8 ）	1,515 （ 9 ）	15.83
27.寧夏回族自治區	389 （ 59 ）	465 （ 71 ）	19.54
28.西藏自治區	189 （ 1.6）	209 （ 1.77）	10.58
29.廣西壯族自治區	3,642 （ 158 ）	4,224 （ 183 ）	15.98
30.海南省	567 （ 167 ）*	655 （ 193 ）	15.55
全　國　平　均	100,817 （ 107 ）	116,001 （ 123 ）	15.01

註＊海南特別行政區於 1964 年設立，1988 年設省，但 1982 年人口與廣東合計，

　　本表爲了比較，故分列爲兩部分，是用海南 1984 年資料。

　　由上述之表 6-2，可知中國大陸近年之人口移動以趨向於東南沿海及華北之京津爲主，反映經濟改革開放的結果。其中尤以廣東省的增加率高據第一位也。而新疆及寧夏之人口增加率亦甚大，但由於人口基數小，實際增加量不大，少數民族不受節育政策限制，加上漢人移墾或從業工礦，形成此特殊數值，大體而言，中國人口之分布形勢，改變不大。

第二節　人口之素質

　　人口金字塔　　人之存在於地表上，不僅是享受大地之供養，同時也是改善環境之主體動力，所以，人的素質與數量都非常重要，而一地區經人口調查資料所得的「人口金字塔」，也成爲區域地理研究之重要課題。

　　圖 6-2 爲中國之人口金字塔，依據1990年之人口普查而製成。由這個人口金字塔之形狀，可以看出中國人口結構的一些特性。

　　首先，在金字塔腰部，有幾處凹陷的地方，代表人口之突然減少，反映社會動亂而大量人口死亡，第一個凹處是在42至47歲之間，乃是抗日戰爭時期。第二個是28至31歲之間，亦即是1959年至1962年代，乃中共大躍進政策失敗，形成全國大饑荒，死人無數，生育率則極低，故人口銳減。第三個是22至26歲，乃中共文化大革命正進行至狂莽的早期階段，死者無數。而最後的階段，是年輕人口自1972年開始年年遞減，乃節育政策的影響也。

　　人是社會經濟及文化之動力，人的素質比數字更重要，依據1990年人口普查的結果，表 6-3 列舉各區之年齡層分配及文盲人口資料，可藉以了解中國人口在素質上之分布。

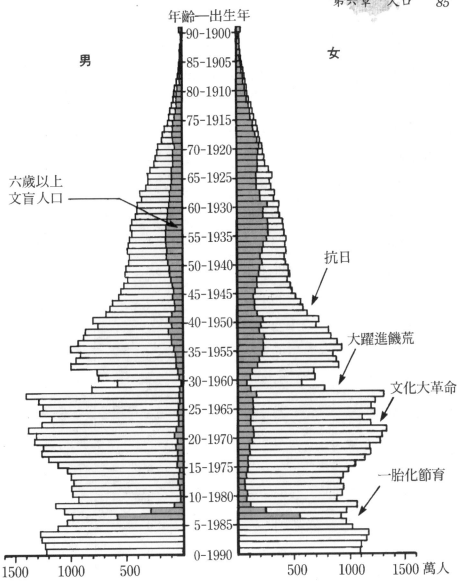

圖 6-2　人口金字塔(1990)

表 6-3

	14 歲以下 比例	65 歲以上 比例	12 歲以上 文盲比例
1.北京市	26.0	5.7	20.1
2.天津市	27.4	5.5	22.7
3.上海市	18.2	9.3	13.1

4.河北省	29.0	5.8	19.3
5.河南省	29.3	5.8	20.7
6.山西省	28.1	5.4	14.0
7.陝西省	28.9	5.2	22.8
8.甘肅省	28.0	4.1	36.7
9.青海省	30.8	3.1	38.8
10.山東省	26.6	6.2	20.9
11.江蘇省	23.7	6.8	20.3
12.安徽省	28.4	5.4	30.9
13.湖北省	28.4	5.5	19.9
14.四川省	23.2	5.7	19.8
15.湖南省	28.0	5.6	15.5
16.江西省	31.8	5.1	22.1
17.浙江省	23.3	6.8	21.2
18.福建省	31.5	4.9	21.0
19.廣東省	29.9	5.9	14.9
20.海南省	33.1	5.4	20.5
21.雲南省	31.7	4.9	35.0
22.貴州省	32.7	4.6	34.5
23.廣西自治區	33.4	5.4	16.6
24.遼寧省	23.2	5.7	11.5
25.吉林省	26.1	4.5	14.0
26.黑龍江省	26.6	3.8	14.6
27.內蒙古自治區	33.1	4.0	20.4
28.新疆自治區	33.1	3.9	18.9
29.寧夏自治區	33.8	3.5	31.3
30.西藏自治區	35.6	4.6	70.3

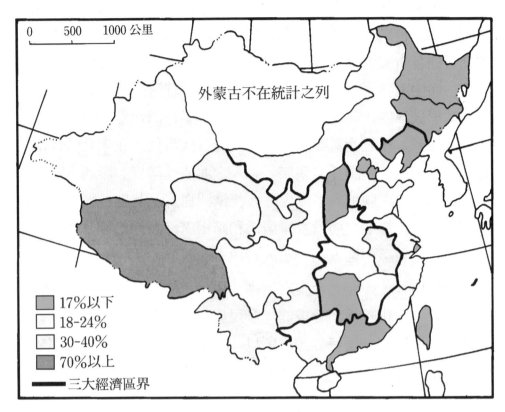

圖 6-3 以省級行政區為統計單位之各地文盲狀況（十二歲以上）

第三節 多元民族

中國人的概念 「中國人」，這是我們最普遍常用的自稱，但實際上，中國歷史數千年來卻沒有任何一朝代稱為「中國」，中國為一地理學的概念性名詞，是歷代之主要領域的地理位置，與周遭之文化低落的地區相對而言，所以我們自稱「中國人」而稱周圍之落後民族為「四夷」，或「蠻夷戎狄」，或「番人」。

漢人之誤解 在近世，我們大多數的中國人自稱為「漢族」。這

一名稱來源自歷史上之漢朝，但在人種學上，沒有一獨特的漢族。漢族一詞，也是一地理學的概念性名詞，是指近世居住在中國本部較繁榮的各省市內的大多數人而言。由於各地之歷史文化發展上之差異，與中國各邊緣地區的中國人在民俗及經濟生活型式上產生差別，就形成漢族。其實，漢族的血緣上，早在周代已經融合了不知多少「民族」。在五胡亂華時代，在殘唐五代時代，在宋元時代，在清代，皆不斷有所謂「非漢族」融入，而使「漢族」形成。其中甚至包括了不少阿剌伯人、以色列人、歐洲白人及其他各種移民至中國的定居者，長期之通婚及雜居，和諧相處，漸漸已經分不出漢番差別，這是認識中國人的一重大特色。

中華民族之意義　今日之所謂「中華民族」，是依據「現階段」之中國人之文化差異而分成的「多民族」的集合名詞，在人種學上也沒有中華民族之獨特分類，所以「中華民族」也只是一地理學的名詞，是全體居住在中華大地上的中國人的一種「稱謂」而已，也簡稱爲「華人」。

一般言之，中華民族現包括「漢」、「滿」、「蒙」、「回」、「藏」五大族，及苗、傜、壯（僮）、黎、維吾爾、哈薩克、彝、傣、白、侗、佤、水、布依、高山等總數達 56 個之多。而且再依方言及特殊民俗特色再細分，臺灣的高山族也可以分爲泰雅、賽夏、布農、排灣、阿美、雅美、鄒、卑南等。而漢族中也有所謂客族、畬族、閩南、閩北、潮州、廣州、吳、越等方言系達百數十種，但亦無礙乎「中華民族」成爲一龐大的融和體也。

照片 6-2 彝族婦女

照片 6-3 維吾爾族

　　各族分布　以地理學的觀點言，我們所要知道的是這些「族群」的分布在中國的什麼地方，圖 6-4 爲一簡略的中華民族之各族分布圖。

照片 6-4　白族

照片 6-5　藏族姑娘

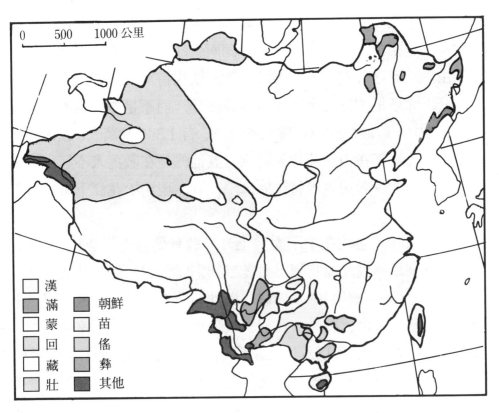

圖 6-4　中華民族分布圖

　　由圖 6-4 這分布圖上,可知漢族分布區與中國人口稠密區重合,因漢族佔中國人口之93.3%。滿族之原居地在東北各省, 自清代之後, 絕大部分已經融入漢族之中, 現有少數居留在極北之黑龍江興安嶺地區。蒙古族的原居地在北方之戈壁, 元代曾一度入主中原, 現仍居住於內外蒙古大漠之上, 部分在青海及新疆, 信奉喇嘛教, 主要以遊牧為主, 人數約 300 餘萬。回族也是一個定義不甚明確的族群, 以信奉回教而得名, 人數約 600 餘萬, 種族上主要是突厥族, 分為維吾爾, 哈薩克, 烏茲別克, 烏梁海等各支, 分布在新疆, 青海, 及漠南草原上。但只信奉回教但又不一定是突厥族的「回民」, 在寧夏, 雲南, 及某些大城市都有聚居現象。例如在河北省之近北京市東就有大廠回族自治縣, 1991年之總人口達 10 萬人。藏族主要

分布在青康藏高原上，也信奉喇嘛教，人數約 300 餘萬。中國之西
南地區，包括雲南、貴州、廣西、湖南、四川、廣東、海南等地，
可能由於地形之分割性強，促成少數民族也特別多。這些少數民族
之劃分，大多是依據文化及民俗特性而分，而不是血緣種族的定義
而分。其中人數最多的為在廣西的壯族，有 1,300 餘萬人，在湘桂黔
之苗族及傜族都在 100 萬餘人以上，其他的是在數萬人不等，而全
國人數最少的少數民族為赫哲族，屬滿族，現居松花江下游，只有
1,400 餘人。

　　中國人除了居住在中華大地上外，還有僑居世界各地的 3,000
萬人，通稱為華僑，而實際上更多自稱為「唐人」，而名其聚居之地
為「唐人街」或「華埠」。華僑移居海外的原因，多因近數世紀以來
中國的沒落，天災、戰亂、貧窮、或政治思想之衝突而遠走他鄉，
希望生活得好一些，所以華僑之原籍地區以華南沿海各縣市為最多。
例如廣西及雲南籍人之移居中南半島；海南島移民往中南半島及新
加坡；珠江三角洲各縣移民往馬來亞，泰國及越南；粵東潮汕及客
家人移民至馬來亞，婆羅洲及泰國；閩南移民至菲律賓、印尼及新
加坡。此等亞洲地區之華僑約有 2,700 餘萬。近年移民美洲的較多，
以美國及加拿大為最，加上其他中南美各地，人數約有 220 萬。歐
洲的華僑約有 55 萬，以英、法、荷蘭及德國為主。到澳洲及紐西蘭
的華僑以近年為最，已達 30 餘萬。而到達南非，模里求斯，馬達加
斯加等非洲地區的華僑，總數約在 10 萬人之內。而華僑人口由1950
年之 900 萬人至今日之 3,000 餘萬人，增長速度驚人，反映中國地理
環境之動盪也。

　　華僑在海外，辛勤工作，努力求學，漸漸建立了良好的社會及
經濟地位，但一般而言，比起世界其他種族的僑民，其家鄉情結仍
然很重，很可能是中國復興的一大力量。

習 作

一、選擇題

1.影響人口分布之最重要因素是(A)地形(B)氣候(C)交通(D)食物供應。

2.中國之人口稠密區在(A)東南(B)東北(C)西南(D)西北 半壁。

3.人口的(A)數量(B)質量(C)健康(D)學歷 是社會經濟及文化發展的動力。

4.漢族是一個(A)人種學(B)文化意義(C)血緣單元 上的名辭。

5.華僑以在(A)美國(B)澳洲(C)東南亞 的最多。

二、填充題

1.限制人口成長之四大自然地理要素爲＿＿＿＿、＿＿＿＿、＿＿＿＿及＿＿＿＿。

2.把中國人口明顯地分成兩區的界線,東北起自黑龍江的＿＿＿＿,西南至於雲南的＿＿＿＿。

3.＿＿＿＿爲中國最古老的人口稠密區。

4.＿＿＿＿及＿＿＿＿爲華中明確之人口稠密區。

5.華南的人口集中分布在各小型＿＿＿＿上。

6.從人口金字塔的外型,可以看出中國近百年來導至大量人口死亡的幾次歷史事件,即「＿＿＿＿」、「＿＿＿＿」、「＿＿＿＿」,及「＿＿＿＿」。

7.高文盲率反映人之質素之低劣,以佔百分之三十以上的＿＿＿＿、＿＿＿＿、＿＿＿＿、＿＿＿＿、＿＿＿＿等省區爲最嚴重。

8.古之四夷爲＿＿＿＿、＿＿＿＿、＿＿＿＿、＿＿＿＿,其實不是少數民族,而是文化較落後的＿＿＿＿。

9.中國之就業人口以＿＿＿＿最大量,但卻以＿＿＿＿成長率最快。

10.華僑的故鄉多在_____、_____、_____、_____及_____等沿海省份。

三、問答題

1.請分別各選一人口稀疏或稠密區，說明其與自然條件及人文因素之關係。

2.請找資料以繪製臺灣之人口金字塔，說明其人口結構的特性，並比較其與中國大陸之人口結構的差異。

3.中國為多元民族的國家，但所謂「中國人」、「漢族」、「華人」、「中華民族」等都是文化地理名詞而不是種族名詞，請釋其義。

教學活動——人口變遷

一、目標: 藉人口變遷的數值, 可了解中國經濟發展的方向, 使學生對
　　　　　相關地理要素有更邏輯性的認知。

二、地點: 家中作業、教室討論。

三、時間: 十五分鐘。

四、步驟: 1.家中作業, 可以分成三組, 每組做相同的工作。

　　　　　2.利用課文中(表6-1、表6-2)的統計數作為統計的基本資
　　　　　　料。

　　　　　　第一組: 人口數比較, 先統計出各省增或減多少人口數,
　　　　　　　　　　　然後按數目多少排成次序。

　　　　　　第二組: 人口密度比較, 先統計出各省密度增或減(多少
　　　　　　　　　　　人／每方公里), 然後按數值排成次序。

　　　　　　第三組: 增加率比較, 按所列數值排成次序。

　　　　　3.各組分別報告, 共同比較, 將會發覺三排表不一致。

　　　　　4.互相討論, 說明不一致的意見。

五、評量: 1.組員參與的程度。

　　　　　2.申述理由的靈敏程度。

第七章　中國經濟

第一節　傳統之農業經濟

農業經濟之基礎條件　中國人以農立國數千年，農業為中國經濟之主要支柱，而此優裕之農業經濟，使中國一直在世界之傳統歷史舞臺上處於富強安定的地位，至近數世紀才被工業化之歐洲追上。

中國在農業經濟上的成就，固然是由於中國自然地理基礎的賜與，廣大的華北大平原，山陝黃土高原區中之斷層盆地及河階，長江三角洲，兩湖盆地，四川紅盆地，華南之許多小三角洲平原，及丘陵坡地，在地形上都可以開墾為農地，而且這些土地所在的氣候區，由於季風之影響，夏季溫度高，雨量多，日照強，合成明顯的農產生長季，華北可兩種而一種為主要糧食作物，另一為雜糧，而華中及華南可以兩種或以上。東北地方之遼河及松花江平原，地形條件很好，可惜緯度偏高，農產生長季受限制，但也是重要農產區，近世開墾尤盛。

除了天然條件之外，中國農民累積數千年之農墾經驗和辛勤之個性，也使中國農業達到輝煌的成就，農地精耕，優良的灌溉，使農地之利用得到最有效的收益。

農業區　畢竟，中國之農耕地分布在一非常廣大而複雜的地理基礎上，各地的農產特性具有一定的差異性，故中國可以劃分出許

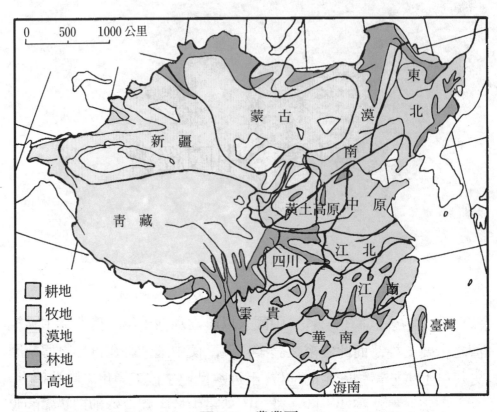

圖 7-1 農業區

多「農業區」，各有獨特之內涵，請參閱圖 7-1：

一、三穫亞熱帶水稻區　包括臺灣島及海南島，廣東及廣西的大部分，福建，江西及湖南的南部，每年可穫兩次水稻及一次冬季短期作物。水果爲重要作物，而且種類甚多。

二、兩穫暖溫帶水稻區　在三穫區以北，而以秦嶺淮水線爲北限，以每年一穫水稻爲主要夏季作物，此外依特殊之地理條件而生產一次其他農作。故約可以分成四副區，如長江南側之平原區的冬作爲番薯，油菜等雜糧，丘陵地盛產茶葉。而長江北側的冬作則爲小麥。四川盆地除水稻外，農產多樣性，棉、絲、甘蔗、小麥、油菜、苧蔴等皆有。而雲貴高原由於地勢影響，水稻、玉米、小米及茶爲夏作，視地區特性而定，冬作則以大麥或小麥爲主。

照片 7-1　油菜花

三、兩穫涼溫帶冬麥區　位於秦嶺淮水線以北與長城以南的華北地區，冬小麥爲主要農產。而依夏作之不同而分成兩副區，山東丘陵及黃淮平原，夏作爲高粱、棉花、玉米、花生，及坡地水果。而黃土高原之夏作則以小米爲主，也有豆類及花生等。

四、一穫冷溫帶春麥區　指長城以北的高緯地區，冬季嚴寒而長，只有短暫的夏季爲農作生長季。東北大平原，以大豆爲最重要農作，或種植春小麥、高粱、小米或玉米。而漠南及河西走廊之半漠性氣候，農業需要灌漑，但亦只有夏作、產春小麥、或大麥、燕麥及雜糧。

上述之農業區，也就是中國之稠密人口分布區，今日之中國人口中，歸屬農業人口的仍佔80％左右，在靑康藏高原區，除了地勢低而夏溫高的極少數地區可種靑稞外，皆不宜農耕，蒙新漠地的綠洲，如有灌漑水，可產春小麥，甚至稻米，但以瓜果及雜糧爲宜，但不如牧業重要也。在上述的兩地區，畜牧業爲主要經濟活動，但

也因自然地理基礎之差異而有不同的經營方式。青康藏高原上爲山牧季移，春初開始驅趕犛牛及綿羊上山，夏季留在山上茂草地區，至秋初則驅趕牲畜漸漸下山，在低地渡過嚴冬，而天山及阿爾泰山山地，也有山牧季移活動，以羊爲主要牲畜。但在蒙新漠地上，則採取逐水草而居的遊牧方式，以羊、馬及駱駝爲主，牛在綠洲中也是重要牲畜。

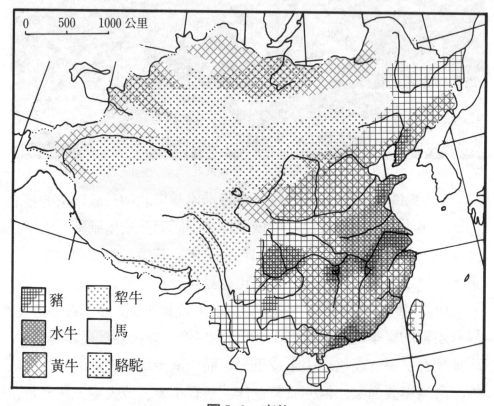

圖 7-2 畜牧

在農業區中，家畜及家禽爲農家副業，以豬爲最，其次是牛，黃牛遍布全國，而水牛僅在水稻區，爲助耕之役獸，而家禽以雞爲最多，而且幾乎每農家都養。

照片 7-2 犛牛

照片 7-3 羊

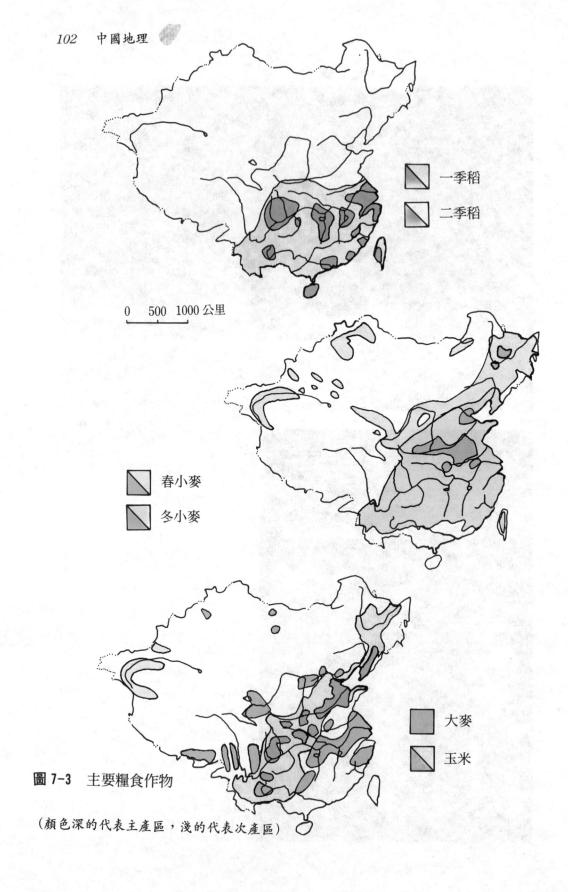

圖 **7-3**　主要糧食作物

（顏色深的代表主產區，淺的代表次產區）

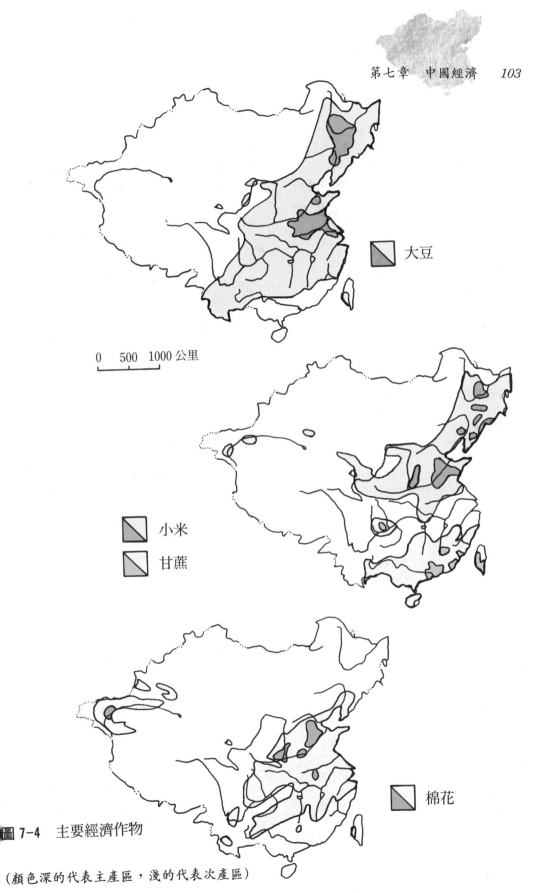

大豆

0　500　1000 公里

小米

甘蔗

棉花

圖 7-4　主要經濟作物

(顏色深的代表主產區，淺的代表次產區)

表 7-1　1990年　耕地狀況

	耕地面積 （萬公頃）	耕地佔全區 面積比例 （%）	耕地與人口 比例 （公畝／人）
1.北京市	71.4	42.5	6.61**
2.天津市	70.2	63.8	8.00**
3.上海市	34.6	58.8	2.59**
4.河北省	666.7	35.0	10.92**
5.河南省	894.7	55.2	10.46**
6.山西省	452.9	29.6	15.75**
7.陝西省	420.8	21.5	12.79**
8.甘肅省	340.2	8.6	15.21*
9.青海省	53.5	0.7	12.02*
10.山東省	934.6	60.3	11.08**
11.江蘇省	480.8	47.1	7.17**
12.安徽省	553.4	42.2	9.85**
13.湖北省	420.0	23.1	7.78**
14.四川省	762.4	13.6	7.12**
15.湖南省	413.3	19.3	6.81**
16.江西省	282.0	17.2	7.48**
17.浙江省	210.2	20.2	5.07**
18.福建省	153.3	12.4	5.09***
19.廣東省	360.8	20.3	5.74***
20.海南省	40.4	12.1	6.17***
21.雲南省	234.2	6.1	6.33**
22.貴州省	186.7	10.6	5.76**
23.廣西自治區	213.4	9.3	5.05***

24.遼寧省	492.9	32.9	12.49*
25.吉林省	480.0	25.8	19.48*
26.黑龍江省	680.2	14.7	19.32*
27.內蒙古自治區	210.8	1.9	9.82*
28.新疆自治區	316.7	2.0	20.90*
29.寧夏自治區	28.3	4.3	6.07*
30.西藏自治區	18.0	0.1	8.61*
全　　國	10,477.4	10.91	9.03

*, **, ***, 代表每年農穫次數

　　由表 7-1, 可見中國之耕地有94%以上分布在東南半壁, 而各省區之耕地面積所佔之比例與地形之是否宜於開墾有關。另一方面, 各省區之耕地與人口比率則因各地之人口平均密度而定, 人口稀疏區之每人享有之土地面積較大, 但可惜其地之農業發展的基礎條件則較差, 不是太乾、太冷, 就是地勢太高。而華南之耕地面積少, 但每年卻可以三穫, 我們如果作此綜合性分析, 對中國農業狀況, 將更加了解。

第二節　新工業之興起

工業之時代意義　　把原料加工改變成為其他製成品, 通稱工業, 因此在人類歷史上, 木器、石器、陶器、銅器等製成品, 都是工業產品, 工業之存在, 比農業要早得多。但那些工業產品, 用人力加工而成, 為舊式的手工業, 為個人或家庭式經營, 規模小, 產量少, 成本高, 價格貴而型制不規則。自從十八世紀中葉, 新工業興起,

其最大之特色為先製成機械，再用機械去操作工業品之生產，故產量大，產品規律化，成本減低，售價亦減低，而經營方式亦以大資本及企業規劃來運作。在市場競爭上把舊工業打倒。這一生產型式之改變，稱為工業革命，在歐洲興起，但中國卻沒有出現，所以在近數世紀之中西文化接觸期，中國經濟便相對地衰退，愈來愈貧弱不振。

能源與礦工業　工業品之製成，最重要是靠「動力資源」，舊工業的動力是人的雙手，運作簡單的工具如針線、輪盤、錘鑿等。新工業的動力則要運轉大型機械如汽車，車床，或精細的機械如電腦，所以工業革命或可以說是動力資源開發的革命，先後有煤之火力發電、水力發電、核能發電，加上石油之動力功能。

一、煤　煤為近代工業之重要動力資源，中國之煤的蘊藏量非常豐富，尤其集中在中國之北方，山西煤之儲量及產量皆為全國之冠，而且品質佳，宜於煉鋼，輸出各地使用，近因交通運輸工具之不足負荷，造成產銷上之困擾。遼寧撫順的露天煤最負盛名，但煉焦價值較低，然而因接近鐵礦區，開採量大。河北開灤煤礦，產量亦大。陝西的銅川煤礦亦很著名。

二、鐵　中國的鐵礦雖已有 2,000 餘年之採用歷史，但新式鋼鐵工業的發展亦近世之事，鐵礦以遼寧地區最富、鞍山鐵產量為第一位，此外如河北張家口地區之龍煙鐵礦，內蒙之白雲鄂博鐵礦，山東之淄博鐵礦都在華北，長江流域以湖北之大冶鐵礦及安徽之馬鞍山鐵礦為最著。海南島之石碌及田獨鐵礦為華南之最。

煤鐵之結合為鋼鐵工業之最優良區位。例如京鋼及津鋼在河北，包頭鋼鐵在河套，鞍山鋼及瀋陽鋼在遼寧，武漢鋼在湖北，都與中國主要煤鐵礦區結合。當然，機械製造工業也在此等鋼城發展。此外，上海、大連、青島、重慶等交通方便的港市，則輸入原料，也成為重工業之重要基地。

照片 7-4 大連港

三、石油 石油是與煤不同的動力資源，更是一種重要的化學工業原料。據探測而知中國之油源亦相當豐富，但開探量不甚大，可能由於中國大陸人民擁有汽車之比率太小，家居亦多沒有冷暖氣設備，石化工業仍在起步階段，對石油之需求量暫亦有限，故能自給，甚至還有少量出口。最重要的油田在新疆天山的克拉瑪依油田及烏蘇油田，甘肅的玉門老君廟油田，青海柴達木盆地的油沙山及茫崖油田，地理位置都在大西北人口稀少，交通不便的地方，油管之敷設也不足，克拉瑪依、烏魯木齊及蘭州為此地區之石化工業中心。在哈爾濱西北之安達發現石油，稱為大慶油田，而安達市也成為石化工業中心。在黃河三角洲也有油源之發現，稱為大港油田，滄州也成為石化工業中心。此外在遼寧的撫順及廣東的茂名，以油頁岩之開探提煉為有名，也是石化工業之重要城市。

　　四、水力　　水力資源的分布與地形及雨量有密切關係。長白山區坡度陡，水流急，雨量也豐富，而且接近東北工業區，水力資源開發最早而最佳，鴨綠江下游之水豐發電廠，松花江上游之小豐滿發電廠，及牡丹江上游的鏡泊湖發電廠之供電量共達 100 餘萬瓩，區內還有許多小型水庫及發電廠。華南丘陵區之水力資源普遍性被開發成小型的灌溉及發電系統，供小地區使用，重要的如廣西的桂平，廣東的從化及新豐江，江西的萬安，福建的建溪，浙江的新安江及甌江。至於大河流之水力資源，也在選點利用，蘭州附近之龍羊峽及劉家峽，陝縣的三門峽，漢水之丹江口都建有大型水壩，而最惹人注目的是計劃中之長江三峽大壩工程。

照片 7-5　　三門峽水壩

　　五、原子能源　原子能能源是另一種動力資源，作爲原料的鈾，中國在新疆有大量儲藏，另一地區是廣西境內，核電廠之興建，涉及之經濟價值及社會價值層面甚廣，應作認眞的考量，對於動力開發落後而又要快速工業化的中國，核能之運用，可能是有利的條件，但資本、管理及技術方面的配合，又成爲問題。

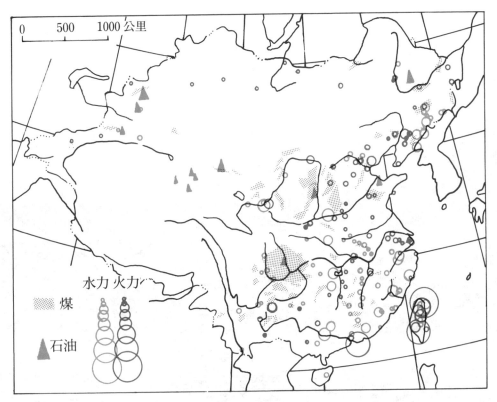

圖 7-5　動力資源

　　工業城　中國地大物博，農林礦牧之產品多樣化，在工業原料之供應上是完全沒有困難，所以除了幾個主要之工業城如上海、南京、北京、天津、廣州、武漢、瀋陽、重慶、成都、哈爾濱外，次

級工業城有蘇州、無錫、常州、杭州、南昌、長沙、昆明、西安、蘭州、鄭州、邯鄲、太原、石家莊、濟南、淄博、青島、旅大、唐山、包頭、鞍山、本溪、撫順、長春、齊齊哈爾。此外，地區性之小工業城有百數十個，愈小的工業城愈有區域特色，與原料之原產地相結合，以食品加工業、紡織及成衣工業、木材加工業，或特種

照片 7-6　大連工業區

照片 7-7 南京長江大橋

之礦產冶煉或化工業為主。愈大的工業城，工業種類亦多樣化，依靠其優越的工業區位，尤其是資本、資訊、交通、高級技工及科研人才之支持也。

中國之工業發展有很大的潛力，雖然人手已經不是新工業之主要動力資源，但廉價勞工仍然是工業成本減低之重要因素，而這一條件在中國大陸最優厚，農民轉業為工人，是中國經濟社會的一大特色，如何善於處理，不僅是工業成敗之問題，也是社會問題。

表 7-2 為中國大陸人口普查中之工業人口佔全就業人口35%以上的城市及其最主要的兩至三項工業類型。

表 7-2

	工業人口佔就業人口比例	最主要工業種類
1.北京市	59.0	機械、電機、印刷、紡織、鋼鐵
2.天津市	55.4	機械、電機、印刷、紡織、鋼鐵
3.石家莊市	57.9	紡織、機械
4.唐山市	59.9	礦業、機械
5.邯鄲市	58.9	礦業、紡織
6.邢台市	58.7	礦業、紡織
7.保定市	55.9	紡織、機械
8.張家口市	57.6	礦業、紡織、機械
9.承德市	52.1	礦業、紡織
10.秦皇島市	44.9	非金屬、化工
11.滄州市	48.5	紡織
12.衡水市	42.3	雜類
13.太原市	56.3	礦業、機械
14.大同市	51.3	煤礦
15.陽泉市	61.2	煤礦
16.長治市	52.9	機械
17.榆次市	43.7	紡織
18.呼和浩特市	40.8	紡織、機械
19.包頭市	58.6	鋼鐵、礦業
20.烏海市	61.9	礦業
21.海拉爾市	42.9	食品
22.滿洲里市	58.8	礦
23.赤峯市	54.4	礦
24.鞍山市	67.4	化工、煤、機械
25.撫順市	69.2	煤、化工
26.本溪市	65.0	煤、化工
27.丹東市	64.2	紡織

28.錦州市	56.1	電機、紡織
29.錦西市	42.4	紡織
30.營口市	63.6	紡織
31.瀋陽市	58.7	機械、電機
32.大連市	59.4	機械、造船
33.阜新市	66.8	煤
34.鐵嶺市	50.2	機械
35.朝陽市	54.7	機械、紡織
36.長春市	55.7	機械、交通
37.吉林市	58.4	化工、機械
38.四平市	55.2	金屬、機械
39.通化市	57.3	化工、紡織
40.延吉市	52.0	紡織
41.圖們市	46.6	雜類
42.哈爾濱市	59.0	機械、交通、電機
43.齊齊哈爾市	57.1	機械、化工
44.雞西市	60.0	煤
45.鶴崗市	70.6	煤
46.雙鴨山市	66.5	煤
47.大慶市	46.7	石油
48.伊春市	56.2	木材、造紙
49.鐵力市	64.8	紡織
50.佳木斯市	53.5	紡織、機械
51.牡丹江市	57.1	紡織、機械
52.上海市	64.6	紡織、機械、電機、交通
53.南京市	57.2	電機、機械、交通
54.無錫市	68.0	紡織、機械
55.蘇州市	64.8	紡織、機械
56.常州市	70.1	紡織、機械
57.徐州市	64.0	礦業、機械

58.南通市	60.1	紡織		
59.連雲港市	46.1	紡織		
60.靖江市	51.1	紡織		
61.揚州市	62.5	紡織		
62.泰州市	64.6	紡織		
63.鎮江市	62.8	機械		
64.杭州市	55.8	紡織、機械		
65.寧波市	57.5	紡織、機械		
66.溫州市	63.7	紡織、機械		
67.椒江市	50.2	紡織		
68.黃岩市	48.4	機械		
69.溫嶺縣	42.8	紡織、機械		
70.慈溪縣	40.6	紡織、機械		
71.合肥市	51.0	機械、電機		
72.蕪湖市	58.0	紡織、化工		
73.蚌埠市	46.6	紡織、食品		
74.淮南市	47.6	煤、非金屬		
75.馬鞍山市	61.0	鐵、冶金		
76.淮北市	60.7	煤		
77.銅陵市	60.2	銅、鐵		
78.六安市	46.6	紡織		
79.福州市	52.7	機械、工藝		
80.廈門市	41.1	食品、紡織		
81.三明市	55.5	食品、機械		
82.南昌市	56.2	機械、交通、紡織		
83.景德鎮市	48.2	陶瓷		
84.上饒市	45.3	紡織		
85.吉安市	43.4	電機		
86.濟南市	54.7	紡織、機械		
87.青島市	64.0	紡織、機械、化工		

88.煙臺市	48.2	紡織、機械
89.濰坊市	52.5	紡織、機械
90.濟寧市	56.8	紡織、機械
91.鄭州市	42.1	紡織、機械
92.開封市	50.1	機械、紡織
93.洛陽市	46.5	機械、交通
94.平頂山市	58.2	煤
95.安陽市	47.9	紡織、冶金
96.鶴壁市	48.7	煤
97.新鄉市	53.2	紡織、電機
98.焦作市	57.6	煤
99.三門峽市	42.7	紡織、機械
100.義馬市	60.8	煤礦
101.武漢市	56.1	機械、交通、紡織、電機
102.黃石市	76.7	冶金、鐵礦
103.十堰市	51.9	汽車
104.沙市市	66.4	紡織
105.宜昌市	64.3	紡織、電機
106.襄樊市	60.0	紡織、機械
107.鄂城市	60.0	冶金
108.荊門市	48.9	煤
109.長沙市	52.5	機械、電機、交通
110.株州市	66.7	交通、化工
111.湘潭市	60.7	機械、電機
112.衡陽市	52.4	機械
113.益陽市	57.0	紡織
114.常德市	54.2	機械、紡織
115.彬州市	48.2	紡織
116.廣州市	46.4	金屬、機械、電機、交通
117.韶關市	65.5	煤、冶金

118.汕頭市	41.7	工藝
119.深圳市	38.9*	電機、雜類
120.佛山市	59.3	紡織
121.南寧市	38.9	紡織、機械
122.柳州市	61.6	紡織、機械
123.桂林市	46.8	機械、紡織
124.梧州市	46.9	交通、食品
125.成都市	42.2	機械、電機
126.重慶市	53.7	機械、紡織
127.攀枝花市	52.2	鐵、冶金
128.宜賓市	48.3	化工
129.瀘州市	48.6	化工
130.南充市	40.3	紡織
131.達縣市	46.7	紡織
132.貴陽市	41.7	機械
133.遵義市	50.8	精細儀器、食品
134.昆明市	48.7	機械、冶金
135.箇舊市	47.0	煤
136.大理市	51.5	紡織
137.西安市	50.8	交通、紡織、機械
138.銅川市	53.6	煤
139.寶雞市	55.3	電機
140.蘭州市	55.7	化工、機械、冶金
141.嘉峪關市	59.0	化工、鋼鐵
142.酒泉市	51.5	化工
143.玉門市	43.1	石油、化工
144.天水市	45.1	電機
145.西寧市	55.4	機械
146.銀川市	40.1	紡織
147.石嘴山市	56.5	煤

148.烏魯木齊	56.6	紡織、機械
149.克拉瑪依市	70.3	石油、化工
150.庫爾勒市	51.7	紡織

　　以上的工業城有散布的，也有連結成明顯的工業區的，例如北京、天津、唐山、石家莊爲一區；瀋陽、撫順、鞍山、本溪爲一區；上海至南京爲一區，廣州之周圍爲一區，武漢周圍也成一區，各皆有特色，可從附表中仔細研判。並請參閱圖 8-1。

第三節　商業及國際貿易

　傳統商業的概念　一般以爲中國傳統社會「重農抑商」，所以沒有商貿地理，其實是誤解，中國之小型聚落稱爲「市井」，中型聚落稱爲「城市」，大型聚落稱爲「都市」，其中的「市」字，就是商業行爲的中心，是各級人口點的CBD(中央商業區)，爲聚落中之最典型而重要的機能，旣服務聚落中之民衆，也互相聯繫，成爲經濟網之節點。

　　中國幅員廣大，各地有區域特產，商業活動，互通有無，在文獻上之記載，在春秋戰國時代商人絡驛於途，此後歷代之開馳道，鑿運河，施行漕運，都是中國活躍之商業行爲。

　　中國歷代設法阻止商賈當官，主要目的是防止「官商勾結」，用不道德的途徑謀取暴利，破壞正常的經濟活動，也促成社會上貧富懸殊的不安定狀態。中共政策強調勞力與報酬相關原則，認爲商人不勞而獲，屬剝削行爲，而極度貶抑其作爲經濟結構中之服務業之性質，故商貿國營，消滅私人資本，使國內商業活動及國際貿易活動都陷入死寂狀態。近年改革開放，市場經濟才再度活躍起來。

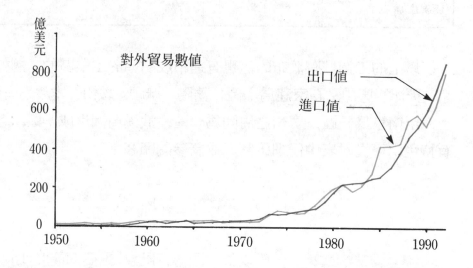

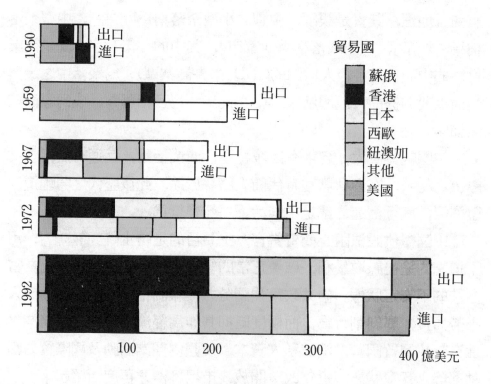

圖 7-6　對外貿易

國際貿易 歷史性的中國之商貿活動，以中國本身為一單元，是「中國這大區域內」的各「小區域」之間之互通有無，二十世紀之商貿活動，是世界性之國際貿易，中國只是世界的一份子，在這種情況下，世界各國之商品為「工業產品」，而中國之商品為「農產品及手工藝產品」，相形之下，所以是中國近世愈來愈貧弱的重要原因。

中共佔據大陸之後，一直採取鎖國政策，所以國際貿易量不大，尤其早期依附蘇聯，中期之許多反國際政治運動，都嚴重妨礙了國際貿易的發展，自從八十年代提倡經濟結構現代化，經貿活動才加速進行。這情況可以在圖 7-6 中看出來。

習　作

一、選擇題

1. 中國的農業是(A)精耕式(B)粗放式(C)大集體農場式　的農業。

2. (A)長城(B)長江(C)淮水(D)南嶺　為中國稻麥分布之主要分界線。

3. 華南沿海年可三穫，農民生活(A)富足(B)反而貧困(C)忙碌。

4. 梯田是在(A)天山山地(B)四川盆地(C)黃土高原(D)長江三角洲　的特殊地理景觀。

5. 中國農民最重要之家畜副業是養(A)牛(B)羊(C)豬(D)狗。

6. 中國之新工業中心以(A)原料產地(B)港市(C)省會(D)勞工供應地　為最重要條件。

二、填充題

1. ＿＿＿＿＿、＿＿＿＿＿線是中國農業地理上之南方及北方差異之最重要界線。

2. 中國農業方式之特徵稱為＿＿＿＿＿。

3. 小麥為北方之主要＿＿＿＿＿，分為＿＿＿＿＿及＿＿＿＿＿兩種。

4. 牲畜多為＿＿＿＿＿，以＿＿＿＿＿、＿＿＿＿＿、＿＿＿＿＿為主。

5. ＿＿＿＿＿乃工業活動之基礎條件。

6. 優良的＿＿＿＿＿是促成＿＿＿＿＿興起的有利因素。

7. 中國之最大城市也就是最重要之工業城，如＿＿＿＿＿，＿＿＿＿＿、＿＿＿＿＿、＿＿＿＿＿、＿＿＿＿＿、＿＿＿＿＿、＿＿＿＿＿、＿＿＿＿＿、＿＿＿＿＿。

8. 中國地理條件多樣化，故歷來之＿＿＿＿＿活動盛行，互通互補。

9. 中國之＿＿＿＿＿促使＿＿＿＿＿之落後及經濟成長之遲緩。

三、問答題

1. 中國人能以農立國數千年，其主要的地理基本要素是什麼? 試申論
   之。
2. 試述中國之北方以重工業而南方以輕工業爲較重要的地理原因。

活動㈠──農／牧／漁業經營調查(農專性質的學生適用)

一、目標： 1.說出影響農／牧／漁場分布的地理因素。

2.約略說出農／牧／漁場經營如何適應環境並追求最高利潤。

3.能以地理的觀點來觀察農／牧／漁場的景觀。

4.學會收集資料的技能。

5.能禮貌性、技巧性地訪問農夫。

6.能安全、合群地參與小組實察工作。

7.能欣賞田園之美並關心農業發展問題。

二、地點： 學校、住家、市郊或旅遊點附近的一處農／牧／漁場(以下均通稱農場) 等。

三、時間： 課外 (務必全體進行，以策安全)。

四、器材： 資料、地圖、筆、野簿、相機、底片等。

五、步驟： ㈠實察前的室內準備

1.先全班分組，各小組再分配組員工作，建議可分為： 小組長、地圖影印、攝影、測量、測量記錄、訪問、訪問記錄、安全等。

2.每人先搜集有關資料並影印交換，事先閱讀。

3.小組集會討論欲實察的主要問題 (建議為： 不同農業有不同的地理條件要求和不同的適應方式)。

㈡野外實察活動

下列建議的問題一部份可直接觀察後自行作答，有些則須訪問或測量後才能作答。

1.農場的主要和次要收成物是什麼？

2.農場位在那兒？ 在圖上點出其位置並描述其位置特徵。

3.觀察農場附近的自然環境狀況(例地形、氣候、水文、土壤等)。

4.觀察農場附近的人文環境狀況(例灌溉設施、交通、畜舍……等)。

5.農作物的播種和收成時期各在何時?

6.農作經營的集約度如何?

7.收成物的出路如何?自用或賣到市場?比例約各多少?

8.如果賣到市場，農夫如何降低其生產成本?如何提高農作品質?

9.農場經營有何問題?

㈢實察後的整理工作

1.整理實察所得的資料（儘量以圖、表方式來表達）。

2.小組討論實察心得:重點集中在農場出現在那兒(where)?出現了什麼(what)?如何出現(how)?爲什麼出現在那兒(why)?農場經營如何適應自然和人文環境?

3.各組交換並比較實察結果，了解「不同類型的農業有不同的地理條件和不同的適應方式」。

4.將討論結果撰寫成書面報告或以海報方式展出。

六、評量:　1.組員熱心參與的程度。

2.個人合群的程度。

3.書面報告或海報成果。

活動㈡──工廠區位調查（工專性質的學生適用）

一、目標:　1.說出影響工廠區位的因素。

2.會收集資料的技能。

3.能禮貌地、有效地進行溝通訪問。

4.會收集一手資料來驗證工廠區位假說。

5.能合群地參與團體實察工作。

6.能關心工廠經營是否對環境產生衝擊。

二、地點：學校或居住地附近的工廠。

三、時間：課外（務必多人一起行動，以策安全）。

四、器材：地圖、資料、野簿、欲訪問的問題、筆、相機、底片。

五、步驟：㈠實察前的室內準備

1. 先分組，並視實察性質分配組員工作。建議可分：小組長、地圖影印、攝影、訪問、訪問記錄、安全、測量等。

2. 每人先搜集有關實察主題的資料並影印交換，事先閱讀。

3. 小組找時間集會討論欲解決的實察問題是什麼？

4. 先禮貌地與欲訪問的工廠電話或公文聯絡，約定訪問時間。

㈡野外實察活動

1. 工廠位在那裡？試描述它的位置（參考地圖）。

2. 工廠附近的自然環境狀況（如：地形、水文等）分別如何？

3. 初設廠時，工廠的原料有那幾種？原料的成本約佔總成本的多少？

4. 初設廠時，工廠的加工製造成本除原料外，還有勞工薪資、稅金、廠房土地、機器設備……等，其分別佔總成本的多少？

5. 初設廠時，工廠原料分別來自何處？用何種運輸工具運來？其原料運來的總集貨成本約佔總成本的多少？

6. 初設廠時，工廠的產品有那些？其市場大約在那兒？用何種運輸工具運至市場？其產品運送的總分配成本約占總成本的多少？

7. 工廠附近的交通狀況如何？

8. 工廠的廢棄物（氣體、水、噪音等）如何處理？

9. 工廠自創廠後有無遷廠？為什麼要遷廠？又為什麼要遷至此位置？

　　10.工廠的經營有何困難?

　　㈢實察後的整理工作

　　1.整理資料: 設工廠經營的總成本為100%,試統計出初設廠時其: (1)加工製造成本、運輸成本各佔多少? (2)加工製造成本中各項成本分別佔總成本多少? (3)運輸成本中的集貨、分配成本各佔總成本多少? (4)各項成本中佔總成本比例最高的一、二項是什麼? 多少?

　　2.驗證假說: 工廠初設廠時的區位是否遷就佔總成本比例最高的成本要素?

　　3.小組討論: 上述第2項答案如果為「否」,其原因如何?

　　4.工廠在今廠址,如何追求其最高利潤?

　　5.時間如允許,各組可交換並比較實察成果,了解不同類型的工廠有不同的成本結構和不同的區位要求條件。

　　6.撰寫書面實察報告或以海報方式展出實察成果。

六、評量: 1.個人熱心參與的程度。

　　　　　2.個人合群的程度。

　　　　　3.書面報告或發表成果。

　　　　　4.教師可挑選一、二組人員利用時間上臺報告其成果。

活動㈢──商店區位的比較 (商專性質的學生適用)

一、目標: 1.能說出商店規模不同其區位要求條件亦不同。

　　　　　2.能學會搜集資料的技能。

　　　　　3.能順利進行野外實察工作。

　　　　　4.能合群地進行小組共同研討工作。

　　　　　5.能了解商店經營的困難而自我努力充實。

二、時間: 課外 (務必多人一起活動以策安全)。

三、地點：學校或居住地附近的住宅商店區（或由任課老師建議）。

四、器材：大比例尺地圖、野簿、資料、筆、訪問記錄表格、相機、底片。

五、步驟：㈠實察前的準備

　　1.先分組並分配好每人的工作（建議分為小組長、地圖影印、訪問、安全等）。

　　2.小組共同決定一個實察的小區域。此小區域內最好有大賣場（例：家樂福、萬客隆；大樂……等）、中型超級市場和小雜貨店（如附近無大賣場，至少也應有後二種商店）。

　　3.每人收集有關資料和地圖並預先閱讀。

　　4.決定欲實察的問題（建議為規模大小不同商店的區位比較）。

㈡野外實察活動

　　1.調查區域內的大賣場有幾家？其位在地圖上的何處？區位特徵？商店附近的馬路多寬？行人流量多少？土地面積多大？營業面積多大？營業時間多長？商店設施有那些？商品分那些部門？商店裝潢景觀如何？員工數？數種商品的價格？（挑選三種商店均有賣的同品牌同規格商品來比較其價格），抽樣訪問10～30位此店消費者的來源地。

　　2.調查區域內的超級市場有幾家？並重覆調查上述第1項的內容。

　　3.調查區域內的小雜貨店有幾家？並重覆調查上述第1項的內容。

㈢實察後整理

　　1.將三種商店的位置以不同符號點在地圖上，並將消費者來源地的訪問所得資料約略地畫出商店的商品圈（市場區）範圍。

2.列表比較這三種商店的規模（可以員工數、營業面積、商
　品部門為指標）、區位條件（位置、馬路寬度、行人流量、
　土地面積等）、商品圈、商品價格、相關設施、裝潢景觀。

3.小組討論造成上述差異的原因是什麼？

4.三種商店的經營各有何問題？其發展趨勢如何？

5.將實察結果撰寫成書面報告。

六、評量：　1.書面報告。

　　　　　　2.教師可抽選一、二組上臺報告實察結果和心得。

第八章　交通與聚落

第一節　聚落

聚落之產生　人群集體居住在一特定的地域，稱爲聚落(settle-ment)。人之所以群居於某地，固然是由於該地之宜於人居，更重要的是人群在該地域營造了優良之生存條件及生活空間。故自然環境對聚落形成之初期具有基本性之影響，但人文因素對於聚落發展之型態則更重要。

一、水爲生活之必需品，乾燥地區之水資源缺乏，不能穩定地供應大量人群之食水及牧水，故人群與畜牧逐水草而居，而不能形成聚落。故聚落形成之先決條件爲天然水資源之存在和供應，河水、泉水、湖水爲天然水資源，井水則爲人工的水資源，水資源愈易取得，聚落之形成的機會愈早，而水資源之豐富程度，則決定聚落之發展效果。中國華北之黃土高原上之小河階及黃土平原上的河岸平原，都是古代小聚落形成之良好條件，所以成爲中國文化發育之源流區。但當人口愈來愈稠密，水資源供應不足，便會產生聚落問題，黃土平原上嚴重缺水，井水之開發仍不敷所需，故自唐宋之後，聚落發展之速度比不上長江流域，也是原因之一也。

二、低平的土地，交通便利，也宜於發展人群定居之農牧經濟，

亦是自然條件之適合聚落形成的因素，所以中國的聚落，亦絕大部分集中於東南半壁之平原部分，而丘陵上之平野，雖或可以聚居，至多亦只能成為區域性之人口中心，發展受到一定的自然限制。

三、人群聚居而生活，生活資源之創造為重要因素，中國以農立國，平原上之大集村，實際上是富裕的農產中心，常由一個或數個大家族，由於擁有其附近之農地而聚居在一起，而且常常因為安全問題，建城築寨，設立公共的宗教、家族及行政組織，中國的華北大平原及近代大量移入人口的松遼平原，均以大集村著名。

四、分割細碎之丘陵坡地，三數家聚居，甚至獨家村的出現比較常見，稱為散村，以華南及華中之丘陵區為多。

五、海港之漁村及林地之獵戶，則是農業聚落以外之集村及散村之另一聚落例子。

六、近年中共常大量移民聚居新開發之礦區，例如河南平頂山，黑龍江之雞西、雙鴨山等為煤礦聚落，而黑龍江之大慶油田，及新疆之克拉瑪依則為著名之石油聚落。

機能聚落 除了與人之經濟生活直接有關之產業聚落外，人群聚居的原因也會基於某種特殊之機能。

一、**交通聚落** 交通聚落本身不一定有豐富之產品，但由於地理位置在交通線之節點上，乃有人群聚居，服務商旅過客。古代陸運之驛站，最有特色，近代之公路交會點及鐵路的站頭，都易產生交通聚落。而水運以碼頭為節點，尤其是河流匯流處，或陸運與水運交會處，最宜產生交通聚落。例如絲路上的敦煌、玉門，由陝西入蜀前的漢中，長江的宜昌，上海，廣東的韶關，香港等皆以交通為聚落形成的最原始的有利條件。

二、**宗教聚落** 宗教聚落是由於著名之寺廟首先成為宗教聖地，然後發展成為大聚落，居民以服務於宗教活動為主，以少數民族的宗教聚落為多，如喇嘛寺及清真寺，其中以拉薩布達拉宮為著名，

　　而後來發展後，則其他機能漸多，但宗教性機能仍然注目。

　　三、軍事聚落　軍事聚落是由於軍事上需求而漸漸發展之聚落，在邊防要塞上甚多，中國沿長城沿線的山海關、居庸關、雁門關、嘉峪關等，又中越交界的友誼關則爲近代形成的軍事聚落。

照片 8-1　拉薩布達拉宮

照片 8-2　河西走廊之嘉峪關

　　四、旅遊聚落　　旅遊聚落爲名勝古蹟、風景區、溫泉、海水浴場、避暑山莊等特殊地點，人群聚居，服務遊客，看日出及雲海的阿里山乃典型例子。

　　五、計畫性新社區　　計劃性之新社區爲現代觀念所產生之新型聚落地理景觀，多在大都市附近，有計劃地興建住宅、學校、市場及其他公共設施，而居民遷入，成爲聚落，包括政府興建的國民住宅，或大財團興建的社區屋村等。

第二節　都市

　　中國都市之特色　　都市，以廣義言，也是聚落，但自從工業革

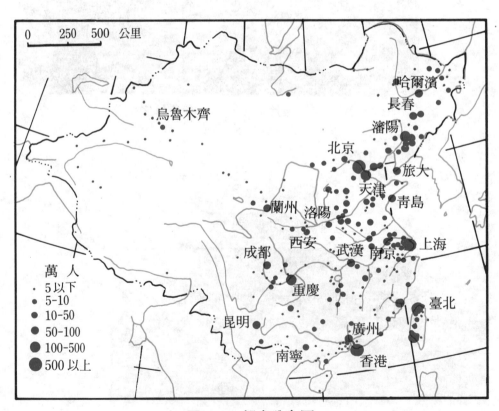

圖 8-1　都市分布圖

命之後，大量人口移居都市，使都市的人口密度大大增加，建築物向高空發展，市中心之中央商業區(CBD)之機能強化，其他機能亦複雜化，為具有特色的「聚落」，特名之都市(Urban)，以別於一般的鄉村(Rural)型的聚落。

其實，中國歷史悠久，由於地理條件之不同，人文發育的方向不同，而使各聚落的規模有大小層級之別，條件優厚的，漸漸成為區域的中心聚落，以商業、行政、文藝等活動服務周圍之較小型聚落。

這些傳統的中國古都市，既然是地區性之政治、軍事、文化及經濟中心，為了便於防守，一律建有城垣，故又稱為城市，其發展程度，通常與其行政階級相當，例如首都、省會、縣府、鄉鎮公所。都市階層愈高，經濟也愈繁華，故以大平原上的區域中心為最著名，如關中的長安，中原的開封，江南的南京。

現代化都市以工商業為主要發展機制，交通方便，工業資源之供應及產品之銷售容易的地方，迅速成長，例如上海和香港，在百餘年前，都是小漁村，現代都是人口數百萬的工商業大都市，以海陸交通取勝也。

固然，傳統的古都之所以形成，原有其優越的中心位置價值，若有新公路及鐵路通過，或有新的內陸水運設施的建造，仍然可以繼續其區域中心的地位，否則便會沒落，所謂「咸陽古道音塵絕」，例如鄭州取代了開封，武漢取代了古荊州的江陵。但南京、濟南、廣州等則繼續繁榮。

由於近代軍事武器的改進，城垣的防禦作用消失，反而妨礙交通，故多已拆除，僅留下門樓，以供憑弔。新市街之擴展，型式高聳，建材新穎，與舊市區相映成趣，也是中國都市轉型之一大特色。

現代化都市　在前工業一節，附記了 150 個工業城，也就是中國的現代「都市」，除了少數是純粹新興的「工業城」如雞西、鶴崗、

克拉瑪依、平頂山、大慶、深圳等外，絕大部分是古城之再發展。
這些中國都市也有區域差異。

　　華北及東北的都市，多爲陸運中心，只不過由古代之馳道改爲
現代之鐵路及公路，例如北京、天津、石家莊、大同、西安、洛陽、
鄭州、開封、濟南、徐州、瀋陽、哈爾濱、長春，而大連、煙臺、
青島則爲北方重要之港口，鞍山、本溪、唐山等爲典型之工礦城。

照片 8-3 *傳統都市之代表──西安鐘樓*

照片 8-4 廈門之鼓浪嶼

華中及華南的都市，多爲水運中心，或水陸運交會點，例如上海、南京、武漢、重慶、成都、廣州、衡陽，而沿海港市一向是南方特色，近年海外投資，亦以此等港市最蓬勃，如香港、汕頭、廈門、福州、溫州、寧波及上海等。

第三節 交通

傳統之交通方法 中國雖然有長達 1 萬公里的海岸線，但由於歷史中心在華北大平原，所以在交通上屬於大陸國，以陸運爲主，歷代皆以首都爲中心，建立陸運網，以馬及車爲交通工具，驛站及傳舍爲交通點站，各大城市爲交通樞紐。就算是發展擴至華中、長江及各支流都有內河航運之便，但亦沒有向海外伸張，寧可開鑿大運河以貫通南北漕運。

鐵路　清代以後，開始修建鐵路，現在總長度達 5 萬餘公里，但以中國廣大的面積言，仍然非常稀疏，僅能連繫各大都市，其中以東北及華北較密，華中及華南只有幾條幹線。中共採高度控制人口移動政策，鐵路以貨運為主，客運量甚低。近年改革開放，沿海都市工商業發展迅速，就業機會激增，客運量亦激增，造成嚴重之不足，尤以廣州、上海等沿海工業大城為然。中國之私有汽車極少，鐵路之集體運輸的需求及效用對中國之經濟發展及社會生活都甚重要，尤其是鐵路品質之改進為電氣化，更應該是重點建設項目。這一點，臺灣方面已經完成，甚至籌劃高速鐵道之興建，發揮集體運輸的效用。圖 8-2 為中國現有鐵路。

公路　中國修建公路達 90 萬餘公里，大致上各縣市鎮都有公路

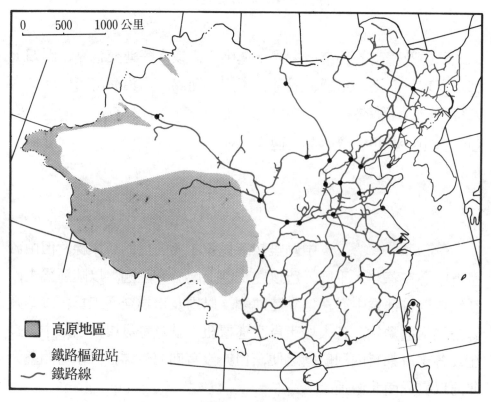

圖 8-2　鐵路網

通達, 尤其是西部沒有水運及鐵路的地區, 公路甚為重要, 如圖 8-3。

但中國的私有汽車甚少, 公路運輸量不太大, 軍事及國防的意義大於經濟價值, 更遠大於旅運價值, 所以中國大陸還沒有像臺灣的那兩條高速公路的修建, 在實際公路網的密度及運輸量上更遠遜於臺灣。在公路上以小貨車為多, 而一般之私有交通工具為摩托機車, 日用是腳踏車, 偏遠地區仍停留在步行及馱獸拉車的階段。

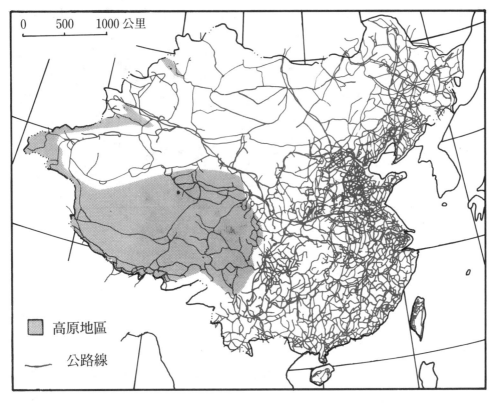

圖 8-3　公路網

水運系統 中國之水運相當發達, 各大河流基本上都可以通航大小不同的船隻, 東北及華北的河流冬季冰封。長江水運網的效用極大, 除了通航面積廣大外, 大江輪之全年航行, 沿途及支流上之港市甚多。華南丘陵的河流亦可全年通航, 但受地形上之限制, 其中以西江水運最佳。

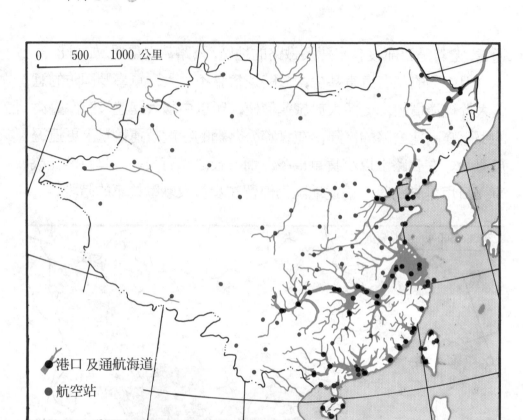

圖 8-4　水運網、港口與航空站

　　中國的海岸線長達 1 萬公里，優良的海港甚多，尤以長江以南
之海岸爲然，但卻不是海權國，故在世界史之進入海權時代之近數
世紀，乃大大吃虧，由明代之受倭寇侵擾，至清代之西方列國洋艦
攻打，才使中國人認識海港之重要性，國父之建國方略特別強調海
港建設，極有遠見，近代中國之改革開放，包括經濟上之進步和思
想上之現代化，都由海港開始，現在中國之重要海港，請參閱圖 8-4。

　　中國之航空交通仍處於起步階段，全國分爲六大航空區，飛航
各大都市，但眞正有定期班次者爲數不多，因國內旅客較少也。

　　總而言之，中國可以依據交通工具之特點而劃分爲以下個交通
地理區：

1.沿海海洋航運區。

2.華中華南水陸交通發達區。

3.華北東北陸運交通發達區。

4.西南陸運區。

5.蒙新漠地駝馬隊商區。

6.青康藏犛牛馱運區。

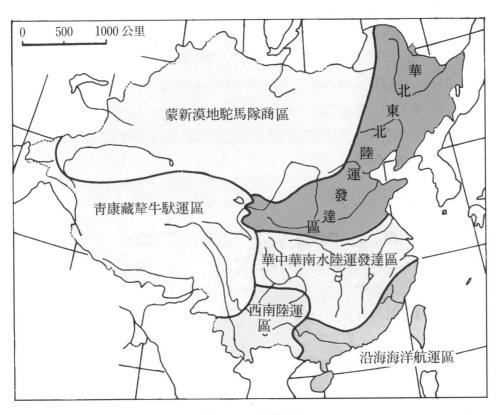

圖 8-5　交通區

習　作

一、選擇題

1. (A)交通(B)水資源(C)廟宇(D)農產品　為聚落形成之首要條件。

2. 傳統的中國都市以(A)工商業中心(B)行政中心(C)旅遊業中心(D)交通中心　為最普遍。

3. (A)天津(B)武漢(C)克拉瑪依(D)西安　為純粹的工業城。

4. (A)公路網(B)鐵路系統(C)內河水運(D)沿海航運　為中國之最重要集體運輸工具，但仍大大不足。

5. 中國之經濟及思想之現代化由(A)航空站(B)大都市(C)海港(D)觀光據點之建設開始。

二、填充題

1. 聚落起源之第一條件是 _____ 資源之存在和供應。

2. 食物之來源決定了人類的居住型式，_____ 及 _____ 經濟為聚落成長之基礎。

3. 聚落依其特殊機能分為 _____ 聚落、_____ 聚落、_____ 聚落、_____ 聚落及 _____ 等特殊型式。

4. 中國傳統的都市都是 _____ 中心及 _____ 中心。

5. 中國現代大都市都是 _____ 及 _____ 中心。

6. 中國北方以 _____ 運為主，南方以 _____ 運為主。

7. 中國有甚長的海岸線，但一向都不是 _____ 國，因為中國的歷史中心在以 _____ 為主的華北大平原。

8. 世界海權時代，促使中國 _____ 之成長，有 _____ 、 _____ 、 _____ 、 _____ 、 _____ 等。

9.中國大量修建＿＿＿＿＿＿網, 但＿＿＿＿＿＿量少, 不能有效發揮交通運輸
　效能。

10.蒙新之＿＿＿＿＿＿及青康藏之＿＿＿＿＿＿爲特有之交通工具。

三、問答題

1.城鄉移動爲近代史上之一項最顯著的人文地理活動, 試釋其義。

2.試述「南船北馬」之傳統及現代的地理意義。

教學活動——交通工具的生活經驗

一、目標：藉著對交通工具的使用和經驗，使學生認知地理學習是生
活的一部份。

二、地點：教室或校園。

三、時間：二十分鐘。

四、步驟：1.分組為各種交通工具：如飛機、火車、公車、計程車、機
車、腳踏車、船、甚至步行。

2.各組自行以自己的經驗作小組討論。

3.各組派代表闡述使用該交通工具的經驗（包括好印象及
壞印象，或使用簡法）。

4.其他同學們可以補充。

五、評量：1.原則上是同學們自由組合，但由於某些交通工具組人數較
少（飛機及船隻），可以指派參加，但資料要在圖書館去
找。

2.報告以輕鬆愉快為目的，評分從寬。

六、建議：老師也提供一些自己的經驗，因社會層次及觀點不同，可以
引導學生對地理學習的生活化興趣。

第九章　區域地理

第一節　地理區的意義

區域之意義　　由以前各章節,我們了解到依據單一的地理要素,或是自然的, 或是人文的, 都可以劃分成各該地理要素的獨特「地理區」: 依地形而分成許多地形區, 如<u>黃土高原</u>區, <u>洞庭盆地</u>區, <u>山東丘陵</u>區; 依氣候特徵而分成許多氣候區, 如熱帶雨林區, 中緯內陸漠地氣候區; 依人口密度而分成許多人口區; 依產業特徵而分成許多農業區、工業區、交通區等。每一地理區都有明確的地理要素作為該區域的特殊指標, 而每一地理區都有明確的範圍, 如果我們給地理區域下一簡單的定義: 地理區域就是「各種相關地理要素互動所形成的地理特性之分布之最大範圍」。

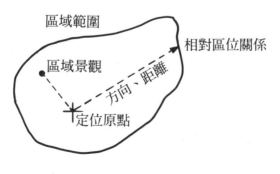

圖 9-1　區域的概念

地理區域特性 然而，地理要素並非單獨存在，它們是同時呈現在相同的空間上，互相關聯，互相影響，而結合成一複合的「地理現象」，這複合的地理現象，已經不再能夠只憑一項或簡單的多項地理要素去判別，因為這複合後之地理現象已經把各單項地理要素之原有狀態都改變了。一個實際的地理區域，必定有其區域特性，那區域特性，一定是「依據自然地理的基礎，透過歷史的流程，而由人按照其價值觀而塑造出來的」。

由上述的定義，我們知道一區域特性之出現，是「人」、「地」、「時」三種條件的複合體，但這三種條件所表現的機能不同，自然地理的要素只能是區域地理的基礎，它一方面提供了在其上生活的人之生活資源，另一方面也提供了人類知識的資料，然而，自然地理要素除了提供原始資料外，沒有任何其他力量，因為區域地理特性之塑造者是生活在其中的人，人從自然環境中認識大地，但卻想辦法及努力地去改造大地，使大地上之人類，生活得更好，更有效率，和更快樂。所以，人的因素，才應該是區域特性營造之最重要動力。

而在這定義中，特別提及歷史的流程，亦即是時間因素在地理學中的角色，一般人認為地理學研究空間而歷史學研究時間，這是非常錯誤的觀念，因為地理學者從來沒有忽視時間要素在地理學上之重要性，因為人在自然地理基礎上改造環境並非「一次完成」，而是不斷地依「時空」之需求，而連續地改造，在相同的自然區域內，在不同的時代，出現不同的區域特性，臺灣這一小島，今天相當富裕，但也很髒亂，但在不遠的 30 年前，都是貧乏而簡潔樸素之農村景觀，社會上則比較淡泊寧靜，而在四、五百年前，則更在新石器之狩獵及初級農業時代也，那都是在時間的流程上，所表達出之不同的區域特性也。

地理區　總而言之，今天中國各地之區域特性，是「人、地、時」互相作用之綜合結果。一般人把中國的區域分為高聳之青康藏、乾漠的大西北、東北、華北、華中、華南等六大區域。而每大區域又分成若干副區，其實沒有一定的標準，端賴研究者之主觀要求而可以作很多的細分。本書以下各章節，是依相對比的方式，依層次而先把中國分成西北半壁及東南半壁之對比，第二層次把西北半壁統稱中國西部，而把中國精華區之東南半壁又分成北方及南方之對比，而中國之西、南、北三部又再依人地互動而成之區域特性而分成若干地理區，最後是每一地理區又包含了若干更小的地理單元區，可能是行政的、自然的、或人文的。近世之中國由純陸權國而走向

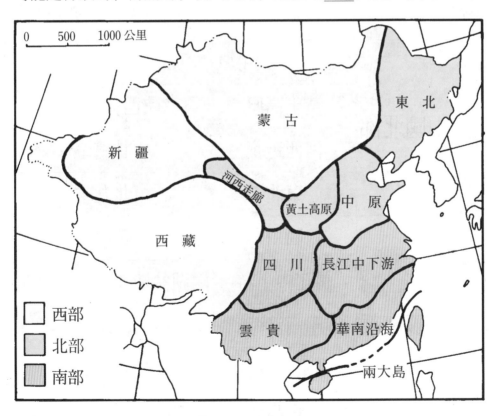

圖 9-2　地理區

世界，沿海發展遠速於內陸，故也形成沿海與內地之明顯的對比，而臺灣島也因而得天獨厚，地理特性與海南島截然不同，但本書以第三層次爲闡述之基準，故合述兩大島。總而言之，讀現代地理區要有「活」的頭腦及概念，不能再以傳統的自然區及人文區來自限也。

一級分類	二級分類	三級分類	四級分類
西北半壁	中國西部	青康藏高原	青海、西藏、西康
		蒙古高原	外蒙古、漠南
		新疆	新疆(天山南北路)
東南半壁	中國北部	中原——大平原	河北、河南、山東
		黃土高原	陝西、山西
		河西走廊	甘肅
		東北	東北九省
	中國南部	四川	四川
		長江中下游	兩湖盆地、長江三角洲
		華南沿海	廣東、福建、浙江
		兩大島	臺灣、海南
		雲貴高原	雲南、貴州、廣西

圖 9-3　中國地理區域劃分概要

第二節　中國西部

西部的地理區　由東北之璦琿至雲南的騰衝之間拉一直線，約把中國分成明顯的西北半壁及東南半壁。西北半壁乃是中國之邊疆部分，約在 100 多年前，在遼東遼西以外之東北地區，及內蒙古之大部分，其實都是人煙稀少之邊疆，由於近世大量移民，東北和內蒙，在農墾及工礦業上都迅速發展，成為中國精華區之一部分。餘下來的偌大的西北，就有青康藏高原，外蒙古高原及新疆三大副區，而各有特色。

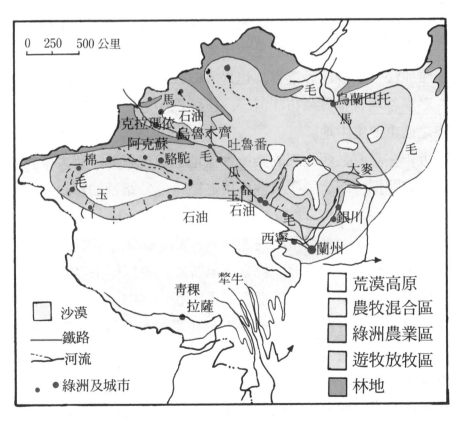

圖 9-4　西部地區

一、青康藏高原──藏族分布之廣大高原上的低級農牧區

青康藏高原面積約 250 萬方公里，大部分是在 3、4,000 公尺以上，但其上起伏則不甚大，是「高的平原」，故爲高原。由於地勢高，緯度上雖在溫帶，但氣候上卻等於極區，寒冷而乾燥，地理上稱爲「寒漠」。生產力弱，食物供應量不足，故大部分是無人地，交通也極困難，只有夏季的 3 個月較便利，而馱獸亦以犛牛比馬更重要。

青康藏高原在新石器時代已有人踪，居民曾稱爲羌人。唐時稱吐蕃，爲唐代之重要政治體，近世則稱爲藏族，總人口約 4、500 萬，散居各地，卻有 3 處聚居中心，即高原東北部之湟中地區。自然地理條件原屬高原之一部份，但開發較佳，爲高原上之精華區。青海之西寧市，人口也達 1 百萬，爲一有 2,000 年歷史之古城，向來的農墾地區，近年也有工業，以農業加工業及一般民用輕工業爲主。

高原東緣的地區，以前是西康省，今部份被併入四川，有大渡河、雅龍江、金沙江等縱谷，也是人口較多的農牧區。

藏南谷地有雅魯藏布江流經，拉薩爲中心，爲喇嘛教聖地，是藏族之最重要集中地。

近年在高原之西北部的柴達木盆地上發現石油，有大柴旦、茫崖等多處開採，修建了產業性專用之鐵路，公路及油管。

二、外蒙古──蒙古族游牧區

自然環境爲一冷溫帶的內陸高原，氣候乾冷，居民逐水草而居，數千年來沒有太大的改變。每當天氣苦寒，無以維生之時節，便向南入侵華北之農業區。胡人南下牧馬，歷代爲中原之禍患，古代之匈奴、突厥、蒙古都曾顯赫一時，尤其蒙古人以其優越之騎射機動力，建立過世界最大之蒙古大帝國，橫跨歐亞，但沒有穩固之地理基礎及文化深度，只有曇花一現。

蒙古高原之精華地區在戈壁瀚海之北之「三河流域」，土拉河是鄂爾渾河之支流，後者又爲色楞格河之支流，向北注入貝加爾湖，再流入北極海。

　　牛羊馬為蒙古人的財產，其中之馬為他們的交通工具，也是戰鬥之工具。近世有公路及鐵路由西伯利亞進入蒙古，使蒙古成為俄人之勢力範圍，近年有一鐵路由內蒙之集寧經二連通往蒙古首府庫倫，為重要之交通線，長 1,000 餘公里，但所經之瀚海，多是岩漠缺水的無人地。

三、新疆——維吾兒族之畜牧及綠洲農業區

　　新疆雖然也是內陸漠地，但與蒙古之岩漠不同，新疆的漠地為流沙的沙漠，岩漠為馬之良好通過區，但沙漠則為完全之阻隔空間，所以蒙古大帝國的面狀機動性不能在新疆出現。新疆的維吾兒族、哈薩克族等，散居沙漠邊緣之「綠洲點」，歷史上為西域 36 國，都是細小而各自獨立之「綠洲國」。綠洲中因有水源，在夏季氣溫高的時候，可以灌溉而農耕，農牧業皆可以自給，牛羊駝馬及瓜果最有名，南疆可以生產棉花。

照片 9-1　哈密瓜

　　天山北麓發現豐富的石油，烏蘇的獨山子已經開採有年，近年之克拉瑪依升格爲省轄市，爲計劃開發之石油及化工城市，人口暴增至 20 萬，克拉瑪依爲突厥語，原意即爲「黑油」。

　　首府烏魯木齊，舊名迪化，有人口 120 餘萬，居天山南北之交通中心，原爲綠洲農業之一點，現也成爲工業重鎮，以石油、紡織、化工、冶金爲主，但傳統之玉雕工藝及新疆多民族工藝都很重要。

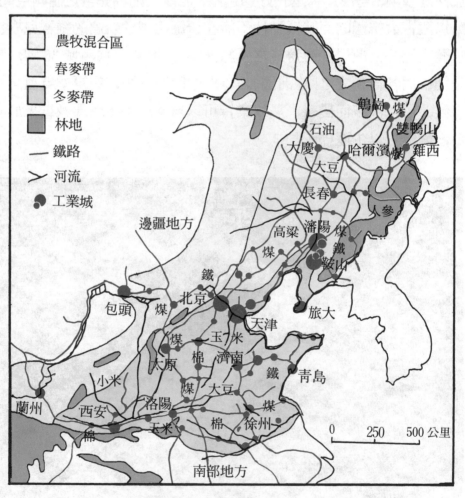

圖 9-5　北部地方

　　新疆的地理位置極端重要，古代已爲絲路所經，近有蘭新鐵路東經河西走廊至蘭州，將來由中國通往歐洲，無論是鐵路、公路或航空線，經過新疆都是最短之捷徑也。

第三節　中國北部

北部的地理區　所謂中國北部是與南部相對比而言，中國南北以秦嶺淮水線爲明顯之區域界線，這條線不僅是地形線，也是氣候線，最冷月之一月0°C等溫線，及750公厘年雨量等雨線都通過這裏，因而影響農業之特性非常明顯，最重要的是稻米的北限。

　　中國北部有華北及東北兩大單元，華北爲中國歷史之發源地，而東北則爲近世高速開發之經濟區，各具特色，其中又有若干副區，分述如下：

一、中原——棉麥古農區

　　中原爲一特殊的歷史地理名詞，指華北大平原而言，尤其是指河北、河南及山東三省交界的一帶爲中心，人口最稠密，因地形平坦，沖積黃土肥沃，成爲中國農業區已有數千年的歷史，爲中國之最古農耕區，最古文化區，同時也是水旱災最多而古戰場最多的地區。一本中國二十五史，絕大部分事件都在這裏發生。

　　這裏的主要產品爲多小麥，產量幾近全國之一半，夏季則種高粱、小米，或棉花，而棉產則佔全國2/3，甜菜及大豆都是重要之作物。

　　燕山及太行山山麓均產煤，山東泰山北麓之淄川博山及河南平頂山市也產煤，爲重工業之基礎，鐵礦產量不足，要靠內蒙輸入，但近年之北京、唐山、天津、邯鄲、濟南等城市的鋼鐵工業已有相當成就，機械工業、化工業、紡織工業都是重要的項目。而石門市、鄭州、洛陽、徐州、淄博、濰坊、青島等都是區域性中心。青島、

照片 9-2　泰山──古文化之地標

天津及秦皇島則兼港市機能。雖然近年之經濟發展不如南方，但乃是一有希望之地區。

二、黃土高原──動力資源豐富之農牧雜糧區

　　本區最大之特徵爲厚厚的黃土，覆蓋在古老高原地塊上，使年雨量並不太少的地區出現疏林草原的景觀，在古代則較其他地區更易於開發，故也是古老的農牧區域。但由於地形分割，只能在河階平地及各高原斷層盆地中較爲優良，其中當然以關中最重要，洛涇渭平原上之西安，即古之長安，自周代開始，直至唐代，都是首都所在。惟因面積狹少，發展空間受限制，經濟上要靠中原及江南漕運來支援，漸漸比不上中原及江南，近代更形沒落。

　　農產也有多小麥及棉花，但以小米爲最主要，爲高原旱作，高粱及玉米等雜糧則必須灌漑也。

　　黃土高原上最重要的資源爲煤礦，尤以山西北部之儲量佔全國之半，但產量比不上東北及河北，交通運輸之不足是重要原因。近

年已有太原、陽泉、大同、西安、寶雞等地發展成工業中心。

　　黃土窰洞居民是本地區之一大特色，約有近 5,000 萬人之多，窰洞的建築型式甚多，有下沉式，靠崖式及獨立式等，每種都依黃土之特點而用最配合之方式修建而成，木石是輔助性之建築材料。

　　黃河是本區之主要營造力，把黃土分割得細碎，而黃河之所以黃，乃是通過黃土高原而大量侵蝕黃土之結果，含沙量世界第一。而黃河水流洶湧，在黃土高原區卻是鑲嵌在深切之谷地中，很少水災，但高原上地下水不足，旱災情況則甚常見而嚴重也。

　　河套是黃河流道上的一特殊地區，那兒沒有如黃土高原上之深切的峽谷，而是平廣之漠地，有薄薄之肥沃黃土，灌漑渠之修建，使河套成爲農墾區，是人爲之面狀綠洲。銀川平原爲西夏之立國中心，現亦是回族人民定居之所，陰山南坡的河套，則爲漢人及蒙族農牧的所在，其中有一包頭市，爲鋼鐵中心，因其位於南方之大同煤礦及北方之白雲鄂博鐵礦之中站位置也。長城把這一地區劃歸大漠，但其實際上之生活條件比長城南側之黃土高原爲優裕也。

三、河西走廊──產石油之綠洲農耕區

　　這一小地區，是介乎青康藏高原、新疆、蒙古三大邊疆區域之間的特殊位置，卻東接中國歷代古都的關中平原的長安，生態環境和新疆之綠洲相似，但對中國言，交通區位特殊，稱爲走廊，因其中之綠洲都是絲路客旅之天然休息站也。

　　近年除綠洲農業外，盛產石油，使走廊的價值再度增高，古代春風不渡玉門關，今日之玉門市之人口近 20 萬，爲重要之石油工業基地。油管敷設至蘭州，使蘭州人口也驟增至 200 餘萬，以石油、化工、機械爲工業重點，而最大特點是隴海、蘭新、包蘭、蘭青四大鐵路以此爲交會點，乃西北交通中心。

四、東北──重工業發達之移墾區

　　遼河東西部早在新石器時代已經爲重要之人口區，但整個大東

北之移墾，乃是近 2、300 百年的事。東北地區有廣大之松遼平原，為冷溫帶針葉林所覆蓋，為狩獵者的樂園，林間之小型農墾，乃原居民之生活方式，女真族在宋代一度強盛而為金國，滿洲入關更統治中國本部數百年。近代由於日俄之有心吞併，由政府鼓勵移民，在華北之山東及河北的貧農便到這新環境移墾，東北地區有一特殊地名，稱為「屯」，是移墾史之地名化石。

東北的生長季只有夏季的幾個月，以春小麥為主糧產，但大豆產量甚豐。東北的林業資源也很豐盛。但近代之最大效益是煤鐵礦之開採，及因而發展的重工業，已經是全國之冠。由鞍山、撫順、瀋陽、本溪、遼陽連成一氣之工業帶，鋼鐵及其他重工業產品，可以支援其他各地之工業發展。旅大市為東北之大工業港，而錦州、長春、哈爾濱、吉林、齊齊哈爾、丹東、營口、通化都是工業城。而最特別的是幾個新興的省轄市，20 餘年前乃是荒無人煙的地區，卻因煤礦之發現而不斷升格，那就是鶴崗市、雞西市、雙鴨山市。就單看地名，好像以前是養雞養鴨的地方，但鶴崗今有人口 61 萬，雞西有人口 110 萬，雙鴨山有人口 44 萬，還有一有人口近 30 萬的雞東縣，你們知道在那裏嗎？

大慶油田在1959年第一次噴出工業油流，1979年成立大慶市，現有人口 88 萬，為石油及化工業之基地。

第四節　中國南部

南部的地理區　秦嶺淮水線以南的地區為中國南部，包括華中之長江流域及華南之丘陵地區和臺灣這一特殊的新褶曲山島。其與北部地方最大的差異，在自然條件上，不像北部地方之較乾漠的黃土，到處都是水源豐富，而人文景觀上的最大不同是以水稻代替了

小麥，華中可以一穫水稻，華南則可兩穫，所以長江流域的冬季或
也種小麥，但華南則不必了。其他如以甘薯代替小米、甘蔗代替甜
菜、絲麻代替棉花，都是南方與北方之重大差別。而南方之水果有
柑橘、龍眼、荔枝、香蕉、菠蘿、椰子，而北方之水果有蘋果、桃、
杏、梨、棗、栗等，也非常清楚地有區域界限也。

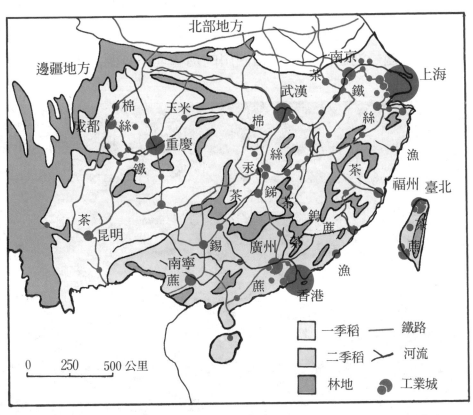

圖 9-6　南部地方

一、四川——多樣性之古農區

四川為一盆地，表示周圍被高地環繞，其西為青康藏高原，南為雲貴高原，北面有大巴山及秦嶺，東面有巫山，原本為一大湖盆，湖水外洩，留給四川盆地很多資源，第一種是肥沃的紫紅壤，作為四川成為古農區之基本條件，在東周之戰國時代已經開始迅速開墾。所謂天府之國，沃野千里，盆地底之紫紅壤雖然因河流侵蝕而成淺丘，但梯田由小丘之基腳至丘頂，被稱為農墾藝術之奇觀。淺丘之低處灌溉便利，可種水稻，高處則栽小麥或玉米等雜糧，農產品多樣化，既有北方系統之產品，也有南方系統之產品，而且精耕多產，故人口稠密，自東漢開始已是稠密人口區。

煤及鹽是湖盆沉積所帶給四川的另種地下資源，重慶因煤礦而

照片 9-3　四川梯田

成為盆地內最大工業中心，而自貢市及宜賓一帶的化工業則因鹽井而興起，成都市則佔平原之便，一向是四川首府，近年也發展工業。

長江三峽大壩之修建，為眾所矚目的大工程，為一動力資源之寶庫，是否可以帶給四川新發展的動力，尚在未知之數，但四川省的人口壓力，在抗日期間有人口約 4,800 萬，現在則近 1 億了。

四川最大的缺點為其在內陸之鎖國位置，在中國大亂的時代或可自保，但對外接觸力少，始終是古農區之模樣。

二、長江中下游——水網密布之輕工業稻麥古農區

這一長江中下游地區，一般分成兩湖盆地及長江三角洲，因為長江三角洲的發展遠比兩湖盆地為佳，在歷史上，長江三角洲與北部之中原在地形上連成一氣，早得文化交流之便，開發也較早，文明水平亦較高，於新石器時代，長江三角洲之河姆渡文明，良渚文明，湖熟文明，其陶器，玉器工業已經很優良。東周時吳越兩國先後稱霸。以後之六朝金粉，會聚揚州及金陵，因為其經濟條件之富裕，反之北方有水旱之災，又有胡人侵擾，建設受到定期的破壞，而長江三角洲恰好成為富人及才人避禍之好去處，資本與知識份子為區域開發之基本條件，使其在發展上超越華北，理所當然。

長江地區屬暖溫帶氣候，水稻為夏作，冬季可種小麥，江北有棉，而江南丘陵地為茶之生長區。區內水道縱橫，每多魚獲之利。

有一點是長江中下游區域比不上北方的，乃是礦產資源不足，尤其是煤鐵的缺乏，故工業型以輕工業為主，紡織及食品工業是傳統特色。蘇州、無錫、常州、杭州、蕪湖、武漢、長沙等，都是每個獨特之經濟圈的區域中心。南京是歷代古都，古稱金陵，近代也發展為工業城。上海為本區之工業港市，是新興的都市，由於地位為中國海岸線之中點，又是長江流域的吞吐口，故僅有短促的百年，已經成為中國第一大城，其大都會區內人口在 1,000 萬以上，還有發展之空間，近來的浦東計畫，就是要把上海的地位再度提升。

照片 9-4 揚州瘦西湖

照片 9-5 蘇州寒山寺鐘樓

照片 9-6 杭州西湖

三、華南沿海——農田少而僑民多之農耕區

這一地區包括福建、廣東兩省及浙江之東南部，全由小河谷組成，河口三角洲就是人口聚居的地方，河口三角洲愈大，經濟情形愈佳，其中以珠江三角洲爲最，廣州爲南方都市之冠，除了珠江三角洲之外，西江水系使廣西也成爲其腹地，粵漢鐵路之建成，湖南亦成爲其腹地，是天然條件之賜與，並非區內之其他小河口港市可比。

水稻是本區的主要產品，兩年可以兩穫，可惜是耕地面積少，人口壓力大，糧食不能自給，漁業是另一種經濟出路，港市極多。漁民很有機會成爲海外移民，故華僑大多以此區爲僑鄉，可能由於習慣於機動性的生活，僑民喜歡經商，故寧波人、潮汕人、廈門人、客家人、廣府人、四邑人等都是著名之商業人才，表達其靈活之機動性格，不像農民之保守也。

香港是珠江三角洲的一門戶，由於特殊之政治地位，百年間，由小漁村變成世界級之工商業港市，其中香港居民之靈活的生存技術，一直因應中國之政經形勢及國際之經貿形勢而不斷翻騰，可說是人文地理的一項奇蹟。

四、兩大島——海南與臺灣

海南島和臺灣島雖然都是中國南方的大島，但二者之自然地理背景不同，人文發展的命運也不相同，現有的地理區域特性也不相同，在此作一比較，可能更有意義。

海南島山地不高，最高峰也不過 1,800 餘公尺，山地也不多，低平的面積廣大，因爲其地形屬華南陸塊的一部分，而臺灣爲新褶曲運動形成的島嶼，中央山脈在 3,000 公尺以上的區域也很多。

海南島距離其對岸的雷州半島只有 20 餘公里，很容易渡過，故廣東自秦漢時代已開發，海南島也跟著開發，即古之瓊州，只不過二千餘年來，進步都很慢，爲相當天然的低度開發農業區，出產稻

照片 9-7 海南島三亞海灘

米及熱帶作物，近年也沒有太大的進展，現有人口爲 600 萬，還比不上香港多。

　　臺灣島距離其對岸的福建省有 100 餘公里，雖然不算太寬，但這臺灣海峽自古就成爲一阻隔空間，所以在中國史書上對臺灣的資料極少，只有少量之民間之來往，臺海之正式文化交流，是最近之四百年的事情，乃地理位置與航運工具與路線的歷史所促成。

　　在明末以前，海南島比臺灣較有沿岸航運之便。而以後則相反，世界海運幹線經過南海和臺灣海峽，而不經過海南島之瓊州海峽，是地理位置價值上，臺灣之後來居上也。

　　臺灣島僅比海南島稍大，但平原則反而沒有海南島的面積廣，但現今臺灣有人口 2,600 餘萬，經濟力被譽爲亞洲四小龍之一，尤其是近二十餘年，臺灣之經濟轉型，雖說附屬之原因很多，人爲之成就無從忽視也。

五、雲貴高原——民族複雜低開發農區

這一地區包括雲南、貴州兩省及廣西之大部份，雲南為縱谷地形，廣西為石灰岩地形，全區分割強烈，土壤貧瘠、水運缺乏、陸運昂貴、開發困難，且地位偏處西南，山林叢密，為少數民族之分布區。漢人移民遲至明代才開始，農田呈斑點狀散佈，以小米、玉米等雜糧為主。

但此區水力資源豐富、礦產亦多，近年由於與越南之政治關係，為重要之國防要塞，經濟上產生工業中心，如南寧、昆明、桂林、柳州、梧州、貴陽等。公路及鐵路之修建，漸漸擺脫僻遠和落後的意味也。

習 作

一、選擇題

1.某地理要素分布之最大範圍，地理學者稱之爲(A)地點(B)區域(C)空間(D)環境。

2.今天中國各地之區域特性是「人、地、時」互相作用之綜合結果，其中以(A)自然地理的基礎(B)歷史之流程(C)人的價值觀　最具決策作用。

3.(A)西藏(B)新疆(C)蒙古　爲綠洲農業盛行的地區。

4.中國北部爲(A)輕工業(B)重工業(C)食品工業　發展潛力甚大的古農區。

5.華中之區域經濟發展以(A)長江大動脈(B)豐富煤鐵產量(C)稠密人口爲最有利條件。

二、填充題

1.區域是 _____ 分布之最大 _____ 。

2.區域特性是依據 _____ 之基礎，透過 _____ 之流程，而由人按照 _____ 而塑造出來的。

3.區域特性是 _____ 、 _____ 、 _____ 三種條件之 _____ 。

4.中國有三塊地廣人稀的邊疆，即 _____ 、 _____ 及 _____ ，各具特色。

5.華北黃土區爲中國文化發育之 _____ ，但在近代史上已呈 _____ 之地理景觀。

6.東北地方歷史悠久，但至 _____ 時代方成爲中國經濟中樞的一部份。

7.四川號稱 _____ ，爲一自然獨立的地理區域。

8.長江中下游為_____密佈之輕工業及_____古農區

9.華南之小型三角洲平原，水稻可_____穫，但仍感地狹人稠，生活
　困難，以_____為副業，_____民甚多。

10._____為中國對世界知識之門窗，對中國政經現代化將會繼續發
　揮作用。

三、問答題

1.什麼才是「地理區」？
2.試以區域特性為主題而列舉中國地理區的名稱。

教學活動──校園土地利用調查

一、目標：1.學會地理區劃分的技能。

2.能分析地理區形成的原因。

3.說出學校歷史發展對現在校園景觀形成的影響。

4.能評論地理區的優缺點。

5.會收集資料的技能。

6.學會書面報告的表達技能。

7.能合群地參與小組研討工作。

8.能欣賞校園之美。

9.能增進關懷愛護學校之情意。

二、時間：課堂上一小時或課外時間。

三、地點：自己學校校園。

四、器材：中比例尺、底圖、野簿、筆、彩色筆、相機、底片。

五、步驟：㈠實察前的準備

1.四人一組，並先分配各人工作。

2.準備校園之中比例尺底圖（通常總務單位具備）。

3.搜集有關校園土地利用變遷的書面資料。

4.組員討論欲實察的主要問題和步驟。

㈡室外實察

1.把校園當做一地理區，建議以土地利用為指標(建議分成①辦公教舍，②教學教舍，③綠地，④步道，⑤體育用地，⑥其他）調查校園，把它記錄於圖上（亦可選用其他指標)。

2.觀察校園內的地理環境（例如地勢、水文等）有無影響到土地利用的安排並做記錄攝影。

3.觀察校園四周圍牆外的地理景觀，觀察其有無影響到學校的土地利用情況，並作記錄。

4.參觀校史館並訪問本校元老級的師長或職員，記錄校園中土地利用的變遷情形。

5.仔細觀察校舍的建築材料、顏色、形態有何不同？並探尋其建築年代。

㈢實察後的討論活動

1.在圖上分別將已調查的各類土地利用塗出不同的顏色。

2.觀察完成的土地利用圖，試將校園劃分成數個土地利用地理區（大地理區可視情況再細分成數個小地理區），並討論每個地理區的特色是什麼？特色如何形成的？

3.討論學校當局把校園土地做此利用安排的理由是什麼？（即各地理區的成因是什麼?）

4.各棟校舍的功能和特性一樣嗎？如不同，為什麼？

5.校園中地理區劃分出來後，您最喜歡和最不喜歡的分別是那一區？描述您作此選擇的理由？將您的結果和理由和同組同學交換比較。

6.學校安排的土地利用有何優缺點？小組討論如何改進其缺點，並向校方提出建議。

7.將實察和討論成果撰寫成書面報告或撰文刊登於校刊中。

六、評量：1.組員熱心參與的程度。

2.個人合群互助的程度。

3.書面報告或發表成果。

4.教師可視時間狀況抽選一、二組人員上臺報告成果。

第十章 世界體系的地位

第一節 歷史世界之中國

陸權時代 有信史的中國自商周時代開始，立國地區在華北之黃河流域，有信史以前的時代，是舊石器及新石器時代，以考古資料之顯示，中國人之主要活動地區亦以黃河流域爲主，那是歷史之事實。

在歷史世界的中國，一直都在發展而沒有停頓過，也是事實，因爲由歷史資料的顯示，中國之中樞區域由華北向南擴展，在南北朝時代，四川及長江三角洲區已經是人口稠密區，在唐代後期，長江三角洲的經濟力量已經超過北方，在明代，長江三角洲及華南沿岸之小型三角洲之人口密度甚至比兵亂頻仍的華北爲稠。至清代則明顯地把東北大平原納入中國中樞區域之中。

在整個歷史世界中之中國，應屬一個獨自擴展性的中國，在當時之世界觀念中，根本上是只有中國而沒有世界，世界就是中國，中國乃是「有限的世界中之中央大國」。是世界之其他「夷人」，不管是東夷或西夷的中樞和典範，這種「世界觀」是由中國歷史發育過程中所促成的。而這種世界觀在「明代中葉以前」都完全沒有問題出現，因爲那是政治地理形勢上的事實，中國是世界上一級之富

強大國。

海權時代　十六、七世紀是世界的海權殖民時代，中國不能自外於世界之其他部分而再獨自擴展，但中國人沒有醒覺，反而立刻把大門關起來。明代在北疆建立了許多關、堡等軍事聚落，重修長城，意義是「守備」，防止蒙古人再入寇，其實也是自我封閉，在海上也由於日本海盜的倭寇之侵擾，實行海禁，意義是也說是「安全」，實質上也是自我封閉。換言之，在陸疆及海疆兩方面，都同時對中國之一貫的緩慢獨自擴展的歷史及政治地理模式催萎。因而使中國和殖民性之歐西各國相對應下，成為在世界地位上「消長」的轉捩點。

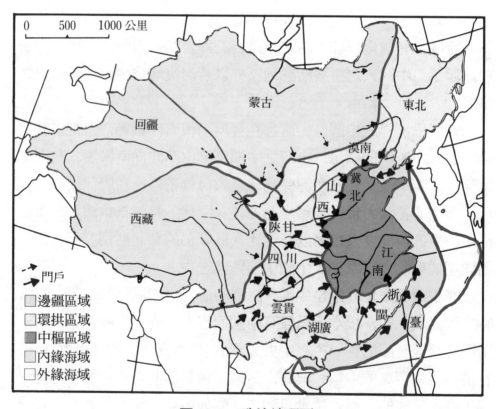

圖 10-1　政治地理區

中樞區域　在歷史世界的中國，立國中樞是連綿一片之華北大平原至華中盆地，再至華南丘陵，愈向南，氣候愈溫暖多雨，生長季愈長，對農業發展愈有利。中國人不必考慮經濟轉型，只要設法改善農耕技術，以農立國，不愁衣食，這可以說是「中國自然地理基礎」對中國歷史地理之優點，但也是制約。有人會問：「為什麼歐洲人在中世紀產生工業革命，但中國人保守著集約精耕農業？」其實，並不因為「儒家思想及社會的保守」，而是中國人在當時之歷史地理時代沒有工業革命的「需求」，可能是最好之答案。

照片 10-1 北平天壇

在歷史世界的中國，外患來自北方的陸疆，胡人南下牧馬，幾千年都是一樣，築長城雖然沒有實際的保衞效果，但乃是歷史地理景觀，是歷史的見證。但在海權時代以後，北方的游牧人不再可能是中國外患的來源，因爲馬匹比不上汽車的機動力，但海權民族的砲艦，在海上飄忽無定所，在意義上是等於游牧民族，中國之海岸沒有長城，一下子便被攻破了，這便是近百餘年來，中國在世界史上所上演的悲劇，是「現代之歷史地理」。

第二節　前瞻世界之中國

文化接觸與衝突　在過去之百年來，中國與歐西各國發生衝突，中國在這衝突的世界中的地位，不再像歷史世界中之優越而獨尊。明清之鎖國政策，歷史證明是錯的，中共 40 年來的鎖國政策，更證明是錯的，因爲要對抗外來機動性之入侵，自我封閉的鎖國概念是起不了作用的。

中西衝突之接觸帶在海岸線上，尤其是在華中及華南的海岸線上。因爲華中及華南有優良的港口，適宜作爲「海上遊牧人」暫駐的據點，在清末各口岸通商，上海的地理位置特殊，所以上海藉機會高速發展，香港的政治地理位置特殊，也成爲一個現代化的標的。

將來的中國，地理學者或會從空間概念上看見一股「逆流」，由沿海推向內陸，就像歷史世界之中國般，由北方衝向南方。但歷史世界之中國之由北方向南方，是避禍而使文化向未開發地區擴展，而未來的現代化逆流，中國人應該正視地把「優裕的現代化文明成果」，主動地由「沿海門戶」帶去改造「落後」的「舊區」。

新中國之空間組織　近十多年來，中共的改革開放政策的確是走向這一條路，在地理發育上是正確的。事實上，臺灣及香港都是成功的例子，而且都形成一股世界體系的力量，向大陸沿岸及半內

照片 10-2

上海南浦大橋

照片 10-3 香港

照片 10-4 珠江

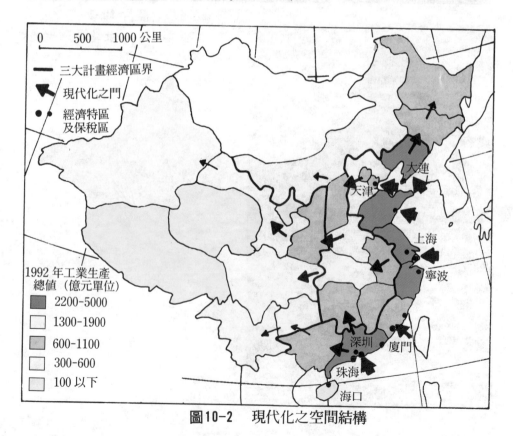

圖10-2 現代化之空間結構

陸地區發揮影響力，並且有深入內陸的趨勢。港商及臺商在中國大陸沿海的「經濟特區」大量投資，固然是促進各該地區之經濟發展，而更重要的是間接改變了困居大陸鎖國政策下數十年的中國人之「意識型態」。在珠江三角洲經濟區就業的許多「勞工」，他們原不是珠江三角洲的居民，他們多數來自湖南、廣西，甚至其他內陸省分，他們在經濟特區中之「識覺」，會如何告訴他們鄉間之親朋戚友？

　　中國在變，很樂觀的趨勢，因爲它在和外在世界文化交流下產生了新的生命動力，是中國在數千年來都沒有出現過的，由東南沿海的現代中國經濟最優區──臺灣及香港，推向古老的中國內陸。

　　<u>新世界之中國</u>　　新世界之中國由於現代世界之資訊科技和交通工具之發達，地理距離和區域特產之舊觀念應該改變。中國已經不再是孤立在「歐亞大陸」之東緣而與歐洲古文明相提並論。自從美

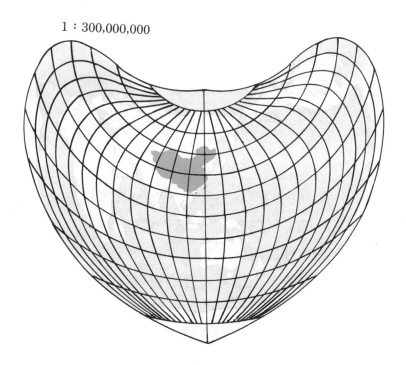

1：300,000,000

圖 10-3　新世界體系之中國

國工商經濟重心移至西岸，蘇聯共產集團之瓦解，西歐政經共同體
之成長，及環太平洋各國經濟合作之發展，使中國的地理位置得天
獨厚，中國尚待開發之天然資源，人力資源及龐大之消費市場，皆
成為世界各國政經專家注目的焦點。二十一世紀是中國的世紀，有
以為是誇張，但亞洲四小龍之成就已經是最佳實例，中國如能擺脫
自閉之愚蒙，掌握有利時機，透過經貿活動及文教交流，則民生富
裕，社教純良之漢唐盛世，不難重現也。不過，在漢唐時代的中國
人以為「中國就是天下」，現代的中國人應認知一個「世界中之中國」。

第三節　地理教育之價值

　　讀書的目的為求學問，在此課本將結束的時候，我們最關心的
地方，應該是從中得到了什麼收穫。現今社會上很多人都下意識地
感到地理是沒有「用」的學科，但那是「愚蠢者」的「偏見」，乃由
於不明瞭「地理的價值」所在。

　　地理科所能提供的是「地的道理」，地是一項極端「現實」的生
活資料，世界上任何一個人都不可能脫離一「地」而生存，人類依
「現實環境」而生活，一個人如果不正確地認識其所處的環境實況，
肯定是糊塗人、是失敗者，而不可以愉快地生活，這只是一極簡易
的邏輯，不必什麼高深的理論去解析。例如小者在街道上擺地攤，
也應懂得找個有利的地理據點，而大者作為到中國大陸投資的臺商，
就不能不懂「中國地理之現況」也。

　　地理資料是現實的，但這些現實的資料卻不是無中生有的，每
一現實地理區之區域特性，都是依據自然地理的基礎，透過歷史的
流程，而由文化人按照其價值觀而塑造出來的。如果僅以地理資料
之現狀為滿足，則易於導致心量狹隘的性格，不能真正體會「現實
環境」之存在意義。例如我們在歷史的中國之觀點下，臺灣島乃是

「邊疆之邊疆」，是南蠻之外的緣海上的孤島。在十六世紀之古地圖上，東沙島的面積比臺灣還要大，稍後則澎湖仍比臺灣本島為重要。那是因為「航運史上之技術與地理位置」的相對關係使然，中國歷史並沒有把臺灣島視作文化孤兒，刻意地放逐。

但在海權時代的中國，臺灣的原有之邊緣位置卻突然逆轉，成為「中西文化」接觸的節點，近年更與香港同為促成「古老衰頹的中國舊中樞區域」新生的動力根源，包括經濟活動之現代化及思想體系之現代化。而這是臺灣在特定「時空中之優越的地理機緣」，是值得我們真切地認知和珍惜的。

換言之，地理教育提供我們三項學習的焦點：第一是正視「現實環境」的重要性，因與我們之「生活點滴」息息相關，當我們讀屏東地理，我們就像屏東人，讀臺灣地理就像臺灣人，讀中國地理就像中國人，讀世界地理就像世界人，總而言之，地理人因熟識環境而寬宏大量，而熟識環境是愉快生活的基本條件。地理知識使我們成為任何環境下之主體，有效地駕馭環境，也享受環境。

第二是正視「地理區之歷史脈絡」及第三是前瞻「地理區之定位與趨勢」，前者可以使我們泯滅對自我過去的憂疑，後者可以使我們確立對自我創建將來的信念和方向。清末民初中國人之自卑，近代中國人之狂莽，原因很多，不讀地理，或不明白地理教育的意義所在，是其中之一，這一點，希望各位在本書中能夠體驗，受用無窮也。

習 作

一、選擇題

1. 中國擁有甚長之海岸線，自古以來乃是(A)海運發達國(B)漁業發達國(C)大陸鎖國。

2. 中國歷史區域擴展是(A)由南至北(B)由東至西(C)由北至南(D)由西至東。

3. 中國之外患自古來自北方內陸漠地，近世來自東方海洋，(A)唐(B)宋(C)元(D)明(E)清　代為始點。

4. 中國現代化之空間結構是由(A)城市至鄉村(B)工業至農業(C)沿海至內陸。

二、填充題

1. 中樞區域是人文活動包括＿＿＿＿＿＿及＿＿＿＿＿＿之最重要區域。

2. 中樞區域的範圍隨歷史發展而＿＿＿＿＿＿或＿＿＿＿＿＿。

3. 中國一向以＿＿＿＿＿＿為中樞，是屬於＿＿＿＿＿＿，不重視海洋活動。

4. 中國之中樞區域在＿＿＿＿＿＿代擴大至＿＿＿＿＿＿，近代包括＿＿＿＿＿＿及＿＿＿＿＿＿。

5. 中國在＿＿＿＿＿＿時代之外患為北方的＿＿＿＿＿＿人，在＿＿＿＿＿＿時代之外患為東方之航海的＿＿＿＿＿＿。

6. 北方遊牧人之南下牧馬，促使中國之＿＿＿＿＿＿，洋人也帶來西方的＿＿＿＿＿＿因子。

7. 中國人不再面對＿＿＿＿＿＿，中國人將面對遼濶的太平洋，再度發揮＿＿＿＿＿＿。

8. 新中國的中樞區域形態，由＿＿＿＿＿＿推向＿＿＿＿＿＿，臺灣及香港是＿＿＿＿＿＿位置。

三、問答題

1. 歷史概念上之中國，中國就是世界的全部之中央，試述中國之地理基礎要素是否對這概念的形成發生什麼關鍵性之影響。

2. 中國歷史發育由北而南，但現代化則由南向北，試以地理觀照申論之。

教學活動──世界觀的訓練

一、目標：藉時事剪輯，使學生們更有世界觀及世界知識，又可訓練學
 生的恆心和選擇能力。

二、地點：教室。

三、時間：每次上課前5分鐘。

四、步驟： 1.先把同學們分組。
 包括世界政治、世界經濟、世界社會事件。

 2.每組在一週內，每天重大新聞一則。

 3.每週每組以一分鐘報告其中認爲最重要新聞。

 4.報告後，全體同學以2分鐘作綜合評論。

五、評量：每週的新聞報告，可以釘成一冊保存，成爲學期成績的一小
 部份。

附錄 (採自高中地理課本第二冊民國79年版)

一、六大地方

　　我國地理區域，主要畫分爲「六大地方」及本書所採用之二十八個地理區。今大陸地理區域仍爲「六大地方」，但其稱謂及範圍已有不同，此因蒙古地方已因中共承認外蒙古獨立，疆域形勢已變，故無「塞北地方」可言。所指「六大地方」及其範圍分別爲：

　　㈠東北地方——指遼寧、吉林、黑龍江三省。
　　㈡華北地方——包括河北、山西、「內蒙」及平、津二市。
　　㈢華東地方——指山東、江蘇、浙江、安徽、江西、福建及上海市。
　　㈣西北地方——指陝西、甘肅、青海、寧夏和新疆等省區。
　　㈤西南地方——指四川、貴州、雲南和西藏等省區。
　　㈥中南地方——指河南、湖北、湖南、廣東、海南和廣西省等區。

二、中共擅改疆域

　　我國面積 1142 萬方公里，中共發表的面積爲「約 960 萬方公里」。原因是中共依賴蘇俄的扶持，才能夠據有整片我國大陸，而且在據有大陸的最初十多年，政治、軍事、經濟各方面都須依賴蘇俄。爲對蘇俄示好，乃承認外蒙古獨立而淪爲蘇俄的附庸，因而國土面積大幅縮小。

　　早在十七世紀中葉，俄國就處心積慮侵略蒙古，並於清宣統三年、民國 13 年，先後鼓動蒙古獨立而加以控制，我國並未承認。第二次世界大戰末期 (西元 1945 年 2 月) 美國總統羅斯福、英國首相

邱吉爾，接受蘇俄總理史達林的要脅，在蘇俄黑海北岸的雅爾達訂立秘密協定，並於同年八月逼迫我國與蘇俄訂立中蘇友好同盟條約，承認外蒙古獨立，但蘇俄卻始終不遵守條約義務，我政府乃於民國41 年初聯合國第六屆大會（在巴黎舉行）中，控告蘇俄妨礙我國政府重建東北地方的主權，並援助中共叛亂，更構成了干涉我國內政的罪行。這個控蘇案於同年 2 月 1 日獲得聯合國大會正式通過。決議案原文是:「蘇俄違反西元 1945 年 8 月 14 日中蘇友好同盟條約及聯合國憲章，以致威脅中國政治獨立、領土完整和遠東和平。」從此，蘇俄為破壞和平的侵略者，已為世界各國所公認。民國 42 年 2 月，距聯大通過控蘇案之時間已逾一年，政府為再度提醒各國注意蘇俄在我國及遠東肆行侵略之事實，同月 24 日，我立法院決議廢止中蘇友好同盟條約及其附件，並正式確認外蒙古為我國領土，其行政區域界線及我國之國界線，均應以民國 34 年以前所定者為準。

此外，帕米爾高原及滇西高黎貢山以西地區，中共擅自與鄰國訂定邊界協定，喪失土地甚多。